W0329197

# LE COMPLOT DA VINCI

YURI FELSHTINSKY

# LE COMPLOT DA VINCI

## Comment Vladimir Poutine tient en laisse Donald Trump

*Traduit de l'anglais*
*par*
*Gilles Ceausescu*

LES ÉDITIONS DU CERF

*The Greatest Da Vinci Deal*
© Gibson Square Books Ltd, 2025
Édition publiée avec l'accord de Gibson Square Books Ltd,
Londres, Royaume-Uni
rights@gibsonsquare.com

© *Les Éditions du Cerf*, 2025
www.editionsducerf.fr
24, rue des Tanneries
75013 Paris

ISBN : 978-2-204-17271-4

# Personnages principaux

ELENA BARONOVA : Courtier immobilier de Donald Trump en Floride.

TETIANA BERSHEDA : Avocate et collaboratrice de Dmitri Rybolovlev.

YVES BOUVIER : Marchand d'art suisse, intermédiaire dans la vente à Dmitri Rybolovlev du *Salvator Mundi* attribué à Léonard de Vinci.

MICHAEL COHEN : Avocat de Donald Trump jusqu'en 2018.

MICHAEL DEZER : Promoteur immobilier et proche de Donald Trump.

SERGUEÏ PAVLOVITCH EZOUBTCHENKO : Général du FSB et associé de Dmitri Rybolovlev.

PAUL MANAFORT : *Spin doctor*, conseiller de Dmitri Rybolovlev, il dirige la campagne de Donald Trump pour l'élection présidentielle américaine de 2016 et est impliqué dans l'affaire du *Russiagate*.

TANIA RAPPO : Intermédiaire d'Yves Bouvier vis-à-vis de Dmitri Rybolovlev.

SEIFEDDINE ROUSTAMOV (*alias* « Roustam ») : Protecteur de Dmitri Rybolovlev dans les années 1990.

DMITRI RYBOLOVLEV : Oligarque russe, proche de Vladimir Poutine et, entre autres, propriétaire de l'AS Monaco.

ELENA RYBOLOVLEVA : Ex-femme de Dmitri Rybolovlev, protagoniste du « divorce du siècle ».

MIKHAÏL SAZONOV : Homme lige de Dmitri Rybolovlev.

YURI TROUTNEV : Vice-premier ministre de Russie et représentant plénipotentiaire du président de la Fédération de Russie pour le district fédéral d'Extrême-Orient.

# PROLOGUE

Cette histoire commence il y a bien longtemps. Le 15 avril 1452, l'artiste italien Léonard de Vinci naissait dans le village d'Anchiano, près de la ville de Vinci, à proximité de Florence. Son nom est bien connu et il est connu aussi, dans toute l'Amérique, parce que le 15 novembre 2017, son tableau qu'il n'a pas peint *Le Sauveur du monde* a été acheté aux enchères chez Christie's par le prince héritier saoudien Mohammed ben Salmane pour la somme record de 450 312 500 dollars américains. Pour clarifier la chose : le consensus des experts est que Vinci lui-même n'a peint qu'un dixième du tableau, le reste a été réalisé par d'autres que lui ou a été ajouté plus tard. Il n'est pas surprenant que la maison de vente aux enchères, Christie's, qui vendait le tableau, ait déclaré, afin de se protéger contre d'éventuelles poursuites de la part d'acheteurs potentiels dans l'annonce décrivant le tableau : « Contrairement aux autres œuvres de Léonard, *Le Sauveur du monde* ne contient pas l'azurite utilisée pour apprêter les autres peintures de Léonard. Peut-on considérer que ce tableau a été peint par Léonard de Vinci ? »

Comme l'a dit, en août 2023, l'un de mes interlocuteurs, Yves Bouvier, qui a vendu le tableau à Dmitri Rybolovlev, qui l'a ensuite mis aux enchères : « Imaginez que vous achetez une voiture ancienne pour votre collection ; peut-elle être considérée comme une antiquité si elle n'a qu'un volant et un siège de l'époque et que tout le reste est moderne ? C'est exactement la question qui se pose. »

Pour notre malheur, Léonard de Vinci est mort et n'a donc pas pu être témoin de la transaction la plus rentable ayant jamais concerné son œuvre. Le 15 novembre 2017, dans le bâtiment des ventes aux enchères de Christie's à New York, les enchérisseurs décidaient (avec succès) d'une tout autre question, avec laquelle Vinci et l'art n'ont pas grand-chose à voir : quelqu'un a payé quelqu'un d'autre pour acquérir quelque chose. Il ne reste plus qu'à comprendre qui et à qui.

Mais reprenons. Une semaine après la vente aux enchères, le 22 novembre 2017, le milliardaire russe Dmitri Rybolovlev ouvre une bouteille de champagne et célèbre son 51e anniversaire. L'ambiance est bonne : le tableau, qu'il avait acheté, en 2013, au célèbre marchand d'art suisse Bouvier, pour 127,5 millions de dollars a été vendu, quatre ans plus tard, à un prix beaucoup plus élevé. Sans doute Rybolovlev a-t-il reçu de Christie's non pas 450,3 millions de dollars, mais moins. Le fait est que cette vente aux enchères avait impliqué un « acheteur-garant », un homme d'affaires asiatique, qui avait proposé d'acheter le tableau pour 100 millions de dollars. Dans ce cas, et suivant les règles de la vente aux enchères, Rybolovlev était assuré de vendre le tableau pour au moins 100 millions de dollars et la maison de vente était assurée de recevoir un pourcentage sur la somme de 100 millions de dollars. Pour cette peine et ce risque, si le tableau était vendu plus cher (et il a atteint le prix record de 450,3 millions de dollars), l'acheteur-garant recevait du vendeur 50 % de la différence entre le prix de vente et le prix garanti. En d'autres termes, l'acheteur-garant a reçu environ 150 millions de dollars de Rybolovlev, qui, après avoir remboursé le garant et payé la vente aux enchères (50 millions de dollars supplémentaires), a perçu un peu plus de 250 millions de dollars, réalisant ainsi un bénéfice de près de 100 % sur cette vente : soit pas moins de 122,5 millions de dollars.

Le prince héritier Mohammed ben Salmane n'a pas personnellement enchéri sur l'œuvre. La veille de la vente, un prince saoudien, Bader, s'est fait connaître en tant qu'acheteur potentiel en offrant une garantie de 100 millions de dollars pour pouvoir participer aux enchères, le montant minimum fixé pour tous les enchérisseurs après qu'un acheteur-garant se fut présenté et eut accepté d'acheter le tableau pour au moins 100 millions de dollars. La vente terminée, l'administration de Christie's a dissimulé l'identité de l'acheteur au public aussi longtemps que possible. Mais des journalistes avisés ont eu vent de l'affaire. Le 6 décembre 2017, un premier article était publié selon lequel le tableau aurait été acheté, par l'intermédiaire du prince Bader, par le prince héritier d'Arabie saoudite, ben Salmane. Il l'aurait acheté et… l'aurait donné à un musée d'Abou Dhabi, la capitale d'un tout autre pays, les Émirats arabes unis[1].

À l'époque, le prince héritier était sans doute d'humeur à participer à des ventes aux enchères et à acheter des peintures. Le 4 novembre en effet (11 jours avant la vente aux enchères), il avait organisé un coup d'État en Arabie saoudite, arrêtant dix douzaines de ses proches impliqués dans l'administration du pays, et depuis lors, il s'était employé à les interroger et à leur arracher des aveux (apparemment sous la torture). On comprend que, dans ces conditions, la première tâche du nouveau chef d'un État musulman ait été de ne pas oublier d'acheter, le 17 novembre, lors d'une vente aux enchères à New York, par l'intermédiaire de l'un des rares membres de sa famille à lui être fidèle, la représentation du Christ pour la donner ensuite à un autre pays.

Mais, comme promis, reprenons et commençons par le commencement.

# 1.

# L'ascension de l'oligarque Dmitri Rybolovlev

Dmitri Rybolovlev, le futur propriétaire du *Sauveur du monde*, est né le 22 novembre 1966 dans la ville russe de Perm. Sa biographie officielle étant généralement bien connue, nous nous concentrerons uniquement sur ce qui l'est moins. Rybolovlev est médecin de formation. Il est diplômé de l'Institut médical de Perm, où son père, Evgeni Vladimirovitch Rybolovlev, cardiologue bien connu à Perm, était professeur. En d'autres termes, Dmitri Rybolovlev est un homme instruit issu d'une famille d'intellectuels.

Le 24 juillet 1987, Rybolovlev épouse Elena Tchouprakova (née à Perm le 7 décembre 1966), fille de Valeri Tchouprakov, directeur de l'usine d'eau minérale de Perm. Rybolovlev a rencontré Elena à l'université. Le couple a deux filles : Ekaterina (1989) et Anna (2001).

Après l'effondrement de l'URSS, il se lance, comme de nombreux citoyens russes, dans les affaires, collaborant avec son père dans le commerce de gros de fournitures médicales. Au printemps 1992, il s'installe temporairement à Moscou, où il obtient un certificat de courtier du ministère des Finances de la Fédération de Russie l'autorisant à travailler avec des titres (actions), ce qui était une innovation à l'époque.

Comme pour presque tous les Russes, les affaires sont difficiles. Il doit travailler avec des gangsters, et il doit en devenir un lui-même. Le parquet russe tenait, *a priori*, pour criminels tous les hommes d'affaires qui gagnaient de l'argent dans les eaux troubles post-soviétiques et engageait, de temps à autre, des poursuites pénales à leur encontre. Il était bien sûr difficile de distinguer objectivement les criminels des hommes d'affaires.

L'histoire de Roman Abramovitch, homme d'affaires en pleine ascension et collègue de Rybolovlev, l'illustre bien. Le 9 juin 1992, une procédure pénale est ouverte contre Abramovitch à Moscou, l'accusant d'avoir volé 55 camions-citernes de carburant diesel. Le 19 juin 1992, une ordonnance est signée pour placer Abramovitch en garde à vue car « il risque de s'enfuir et d'empêcher l'établissement de la vérité dans l'affaire ».

Nous savons comment cette affaire s'est terminée. Quelques années plus tard Abramovitch est devenu milliardaire et copain de Poutine, il a acheté le club de football anglais Chelsea et s'est installé au Royaume-Uni, bien que le gouvernement britannique se soit inquiété de la manière dont il avait acquis sa fortine et qu'il ait dû quitter l'Angleterre après l'invasion de l'Ukraine par la Russie en février 2022.

Dmitri Rybolovlev a bâti son entreprise à Perm en 1993-1996, entouré de gangsters. Ces années-là, l'ex-URSS a subi la « vente du siècle ». Pratiquement tous les biens de l'État – et tout en URSS était un bien de l'État – ont été soumis à la « privatisation » ; le gouvernement russe tenait à ce que cette privatisation ait lieu le plus rapidement possible afin que l'ancien État soviétique ne puisse pas renaître et reprendre le contrôle de l'économie du pays.

On a donc organisé des « ventes aux enchères » pour privatiser des entreprises. Pouvaient y participer : des particuliers, des entreprises et les entreprises elles-mêmes concernées... Ces entreprises ont été achetées avec une nouvelle monnaie, spécialement créée : des « coupons » émis par le gouvernement gratuitement à l'intention de tous les Russes. En d'autres termes, la Russie a été évaluée à une certaine somme, cette somme a été divisée par le nombre de citoyens russes, et chacun a reçu sa part du gâteau. Laquelle part du gâteau pouvait être utilisée pour acheter une part d'une entreprise. Pour acheter l'ensemble de l'entreprise ou une partie substantielle de celle-ci, il fallait évidemment récupérer beaucoup de coupons.

C'est exactement ce que décide de faire l'entreprenant Rybolovlev. En 1993, afin de participer aux ventes aux enchères d'entreprises publiques dans la région de Perm il crée le fonds d'investissement « Kamennï poyas » (Ceinture de pierre), dont il devient le directeur général, qui a pour but de collecter, d'acheter et de réinvestir les coupons de privatisation. Mais il fallait de l'argent pour acheter ces coupons. Or, personne n'avait d'argent. On devait donc contracter des prêts auprès des nouvelles banques commerciales en concluant avec elles des accords de partenariat qui leur octroyait des participations dans l'entreprise acquise avec l'aide du prêt.

Dans ce contexte, Rybolovlev crée sa propre banque à Perm : Credit FD. Il peut créer cette banque parce que les entreprises les plus puissantes de Perm ont accepté d'en être actionnaires : Metafrax (producteur de méthanol), Uralkali[1], Silvinit (producteurs et exportateurs d'engrais potassiques), Solikamskbumprom, Neftekhimik (producteur d'alcool dénaturé), Metanol et Azot, qui faisaient transiter toutes leurs liquidités par cette banque et y effectuaient tous leurs paiements. En 1994, Rybolovlev devient directeur général de cette banque tandis que Vladimir Alekseïevitch Chevtsov, vice-président du Fonds des biens de l'État de la région de Perm et de la branche régionale de l'Agence de privatisation de l'État, est nommé directeur général adjoint. Tous deux entrent au conseil d'administration de la banque. « Rybolovlev était responsable de toutes les activités liées aux finances, à la Bourse et au marché des valeurs mobilières », a déclaré Chevtsov, lui-même étant « responsable de l'aspect technique des activités de la banque et du service de sécurité ».

La première expérience de Rybolovlev en matière de privatisation est celle d'une usine de margarine à Perm en 1993, réalisée par Vladimir Nelioubine, alors inconnu de Rybolovlev, par l'intermédiaire du fonds d'investissement Kamennï poyas. Nelioubine est un homme d'affaires local ayant des relations criminelles et ayant purgé plusieurs peines de prison pour « extorsion », à savoir pour racket d'entreprises.

Après cette première privatisation réussie, les relations entre Rybolovlev et Nelioubine se resserrent. Rybolovlev accepte d'importantes sommes d'argent, collectées par extorsion, qu'il utilise pour acquérir des participations dans des sociétés privatisées. En retour, Nelioubine et ses associés (c'est un accord verbal) reçoivent un pourcentage des entreprises privatisées et des contrats de commerce monopolistiques sur le marché régional.

Rybolovlev n'investit pas son propre argent dans les appels d'offres et les ventes aux enchères, mais les fonds de l'usine ou de la société dont les actions sont achetées. Par exemple, en 1993, Neftekhimik signe un accord avec Kamennï poyas afin que le fond achète des coupons aux travailleurs pour un milliard de roubles. Cependant, ces coupons ne sont pas transférés à Neftekhimik. Ils font partie d'un échange plus complexe.

Le milliard, en effet, sert à acheter, au cours d'une opération, qui a lieu mi-1994, des actions de Metafrax, d'Azot et de Kamennï poyas. De la sorte, Neftekhimik devient actionnaire de la banque de Rybolovlev, Credit FD, et des sociétés mentionnées.

Dans les projets de privatisation, les fonctions sont réparties. Rybolovlev est responsable des finances et mène les négociations avec le directeur général de l'entreprise à privatiser, qui, de manière non désintéressée, contribue à baisser autant que possible le prix de départ. Nelioubine s'assure qu'aucun concurrent de Moscou, de Perm ou d'ailleurs ne se présente à la vente pour éviter que celle-ci ne devienne vraiment une vente aux enchères. Une fois les concurrents éliminés, il est possible d'acquérir une participation dans l'entreprise au prix de départ. Pour ce faire, Rybolovlev transmet par téléphone à Nelioubine des informations sur les diverses offres de participation aux enchères, et Nelioubine veille, « par la méthode de la persuasion » à ce que les acquéreurs moscovites potentiels renoncent à participer aux enchères, et, si nécessaire, il fait intervenir ses gangsters qui expliquent à ces concurrents dans un « langage accessible » qu'ils ne devraient pas se battre pour telles actions. En contrepartie (par accord verbal), Nelioubine reçoit une partie des actions de l'entreprise et le droit de vendre ses produits sur le marché russe.

En outre, Nelioubine aide Rybolovlev à se procurer des coupons de privatisation pour Uralkali, qu'il utilisera pour acheter des actions dans diverses sociétés de Perm, y compris Uralkali elle-même.

Les affaires commencent à se développer. Les nouveaux partenaires de Rybolovlev à Perm sont V. B. Tcherniavski, O. G. Lomakine et S. E. Makarov, qui, comme l'a déclaré en 1995 V. N. Efimov, membre du gang, « ont aidé Rybolovlev à acheter des parts dans des entreprises ». Le directeur général à l'époque, M. A. Petrouniak, l'a bien expliqué : « L'accès aux ventes aux enchères pour les représentants des grandes entreprises moscovites disposant d'un grand nombre de coupons a été fermé, ce qui a permis aux entreprises de Rybolovlev d'acquérir d'importants blocs d'actions ».

Le partenariat avec les criminels donne de bons résultats. Lors de la privatisation de Silvinit, Rybolovlev n'était parvenu qu'à acquérir 1 % des actions avant l'arrivée des criminels, après leur entrée en scène sa part est passée à

39 %. Rybolovlev travaille sous leur patronage, ils lui fournissent également une « protection physique contre les concurrents » comme l'a déclaré I. Z. Tchernykh, l'un des directeurs de Neftekhimik.

La coopération de Rybolovlev avec Oleg Lomakine, qui jouera un rôle fatal dans la vie de Rybolovlev, commence en 1993-1994, lorsqu'ils conviennent d'acheter conjointement des actions dans un certain nombre de sociétés, dont Neftekhimik. Rybolovlev crée un département chargé d'acheter des actions sur le marché secondaire et, avec Nelioubine comme partenaire, emprunte 100 millions de roubles à deux institutions financières qu'ils ont créées : Credit FD et la société d'investissement Finansovyi Dom. L'argent est d'abord investi dans l'achat de coupons, puis dans des actions Neftekhimik, dont le directeur général était à l'époque V. M. Kazantsev.

Rybolovlev et la direction de Neftekhimik conviennent verbalement de vendre environ 19 % des actions de la société à Kamennï poyas. L'argent nécessaire à l'achat de ces actions est transféré des comptes de Neftekhimik à Credit FD. En d'autres termes, Kamennï poyas achète les actions de la société Neftekhimik avec l'argent de la société Neftekhimik acquérant ainsi 19,75 % des actions, avec l'intention de continuer à en acheter dans l'espoir d'obtenir une participation de contrôle. Ces actions sont restées la propriété de Rybolovlev, en tant que personne privée, non de Kamennï poyas, qui les a payées.

Le « protecteur » de Rybolovlev à Moscou (selon de nombreuses personnes de son entourage, y compris ses partenaires) est la célèbre figure criminelle Seifeddine Roustamov (alias Roustam, alias Rouslan), un lutteur qui a vécu à Perm pendant 13 ans avant de partir pour Moscou. Il est spécialisé dans la neutralisation à l'avance d'éventuels concurrents lors des ventes aux enchères.

Roustamov est la seule personne que Rybolovlev respecte vraiment, écoute et craigne. Avec Rouslan, les gars ne discutent pas. « C'est une puissante protection criminelle », « une autorité criminelle », « les autres respecteront et appliqueront ses décisions », pour citer quelques déclarations de Rybolovlev au sujet de Roustamov. Tous les autres gangsters (les partenaires de Rybolovlev) traitent également Roustamov avec respect, le reconnaissant comme une « autorité ».

Alors que Roustamov et Nelioubine résolvent les « problèmes » à Moscou, Viktor Tcherniavski, Sergueï Makarov et Lomakine les traitent au niveau local, à Perm, en empêchant les concurrents de participer aux ventes aux enchères par tous les moyens licites et illicites. Le rôle de Tcherniavski dans la privatisation et l'achat d'actions consiste également, après avoir reçu des informations sur les participants aux ventes aux enchères à Perm, à conclure un accord tacite avec eux sur la division du marché : certaines sociétés achètent des actions dans certaines entreprises et d'autres dans d'autres, de sorte qu'il n'y a pas de concurrence et pas de véritables ventes aux enchères.

Il est très important de comprendre que tous ces accords étaient verbaux. Toutes ces actions ont été achetées au nom de Rybolovlev, mais aucun document sur la division de ces actions n'a été signé. Tout était basé sur une poignée de main et une parole d'honneur, sur des « concepts » et non sur la « loi ». Pour la Russie des années 1990, cette façon de conclure des accords était généralement acceptée et même dominante. Mais cela ne pouvait que conduire tôt ou tard à des malentendus et à des conflits. C'était une époque violente et sanglante.

En mars-avril 1994 au plus tard, alors que la privatisation des entreprises de Perm venait de commencer, les participants à la privatisation des entreprises chimiques et pétrochimiques de la région de Perm, qui se réunissaient régulièrement dans le bureau de Rybolovlev à Credit FD, conviennent que les actions qu'ils achèteront seront divisées à parts égales entre Rybolovlev (50 %) et « tous les autres » (50 %). Les autres : Tcherniavski, Nelioubine, Makarov et Lomakine se partagent les 50 % restants à parts égales. « Il n'y avait pas d'accord écrit », confirme Vadim Efimov. C'est Rybolovlev qui dispose des informations sur la répartition des actions entre les actionnaires. Dans le cadre de ce plan, Rybolovlev acquiert, par l'intermédiaire de Kamennï poyas, ses premières participations dans plusieurs entreprises privatisées du secteur : Metafrax, Uralkali, Solikamskbumprom, Neftekhimik, Methanol et Azote.

Rybolovlev est chargé d'acquérir des coupons et d'enregistrer les actions de ses sociétés, qui se sont multipliées. Les gangsters savent et croient que les actions leur appartiennent, d'autant que nombre d'entre eux, ainsi que des hommes de Rybolovlev, sont placés dans les conseils d'administration des sociétés en cours de privatisation. Chevtsov, l'associé de Rybolovlev dans Credit FD, est membre du conseil d'administration de Metafrax, Uralkali Silvinit et Credit FD jusqu'à la fin des années 2000. Nelioubine, en tant que représentant de Credit FD, est membre du conseil d'administration de Metafrax.

À un certain moment, Rybolovlev se trouve contraint de transmettre ses actions d'Uralkali. « L'idée était de vendre les actions de Metafrax, Azot et Neftekhimik aux partenaires en tant qu'individus, ou de les "vendre" à Lips LLP, une nouvelle entité créée sur une base de partenariat par Tcherniavski, Lomakine, Makarov, Nelioubine et Roustamov. Il s'agissait à peu près des 50 % d'actions détenues par Rybolovlev. » Mais, selon Efimov, « Rybolovlev ne voulait pas diviser les actions », et il donnait chaque fois « de nombreux arguments pour ne pas transférer les actions » violant ainsi « les termes des accords verbaux existants ».

Les partenaires de Rybolovlev, pour leur part, ne cessent de revenir sur la question, affirmant, comme l'a raconté Chevtsov, qu'il est « nécessaire de diviser les actions achetées lors des ventes aux enchères, car ils ont aidé à organiser les ventes aux enchères et y ont participé ». En outre, les actions achetées ultérieurement par Rybolovlev « sur le marché secondaire » l'ont été avec de l'argent commun et doivent donc être divisées. « Rybolovlev a essayé de ne pas répondre à ces demandes », se rappelle Chevtsov. Après de « longues pressions psychologiques » de la part de Tcherniavski, Nelioubine, Makarov et Lomakine, Rybolovlev accepte finalement de leur céder 5 % d'Uralka-Liya, 10 % de Methanol et 8 % de Neftekhimik. En février 1995, 15 % des actions de Credit FD détenues par Neftekhimik sont vendues à Lips. Nelioubine et Makarov sont nommés au conseil d'administration de la banque. Lomakine devient également actionnaire de la banque.

Pa ailleurs, Rybolovlev se fait constamment extorquer de « petits prêts pour la construction de maisons personnelles », on lui envoie des lettres pour demander de l'argent « à des fins caritatives », pour le développement du sport et de l'élevage de chevaux, ou pour l'organisation d'un tournoi à la mémoire du célèbre lutteur russe Ivan Poddoubny. À un moment, Rybolovlev et Chevtsov déclarent que « la banque n'est pas une vache à lait » et refusent de donner de l'argent. « Après avoir refusé de donner de l'argent pour la propagande sportive, les relations avec Nelioubine sont devenues pénibles », raconte Chevtsov.

Du point de vue des gangsters, il ne s'agissait que de petits cadeaux, loin de l'accord initial de 50 %. Tcherniavski explique à Rybolovlev qu'ils avaient opéré comme une « couverture criminelle » pour ses entreprises et qu'il serait « forcé de diviser les actions de toute façon ».

Dès 1993, Rybolovlev se dote d'une garde personnelle. En 1995, elle compte 12 personnes. « Il ordonnait de changer constamment d'itinéraire lorsqu'il prenait un ascenseur, de ne pas laisser les voitures sans surveillance, de vérifier les ascenseurs et le hall de l'immeuble dans lequel il entrait », se souvient l'un de ses gardes du corps. Puis Rybolovlev a commencé à porter un gilet pare-balles. Il s'est ensuite acheté une voiture blindée. Les sacs de toutes les personnes entrant dans son bureau étaient contrôlés par ses agents de sécurité. Il a parfois dû se cacher, y compris à l'étranger.

En 1994, Rybolovlev se donne pour mission d'acquérir une participation majoritaire dans Neftekhimik. Pour ce faire il remplace, début 1995, le déloyal Kazantsev, qui, selon lui, les a « vendus », par E. N. Panteleimonov, avec qui il compte tout négocier.

En effet, afin d'empêcher Rybolovlev et son groupe d'obtenir une participation majoritaire dans Neftekhimik, Kazantsev avait vendu une partie des actions de Neftekhimik à la banque Permstroy et au groupe financier Solvalyub. Solvalyub, souhaitait prendre le contrôle de Neftekhimik. Le groupe a donc acheté 20,95 % des actions, devenant ainsi le principal concurrent de Rybolovlev et de Credit FD. Dans le cadre du partage du marché entre partenaires, Solvalyub a pris le contrôle total du marché de l'exportation de Neftekhimik, qui était le plus rentable.

Il est compréhensible qu'après une telle « trahison », Rybolovlev ait décidé de remplacer le directeur général de Neftekhimik par une personne loyale. Depuis novembre 1994, il avait, à plusieurs reprises, proposé à Kazantsev de quitter son poste, mais celui-ci avait chaque fois refusé. Il est pratiquement impossible de révoquer le directeur général contre son gré à Neftekhimik. Selon les statuts de l'entreprise, le directeur général est élu pour un mandat de deux ans et ne pouvait être révoqué avant l'expiration de ce mandat. Et pour changer cette disposition une majorité des deux tiers des voix est requise, ce qui n'était pas possible : ni les actionnaires de l'entreprise, ni le personnel votant travaillant dans l'usine n'auraient accepté.

Pour forcer Kazantsev à démissionner, un audit financier de la société est réalisé en décembre 1994, en l'absence de

Kazantsev. Il conclut que les actions de Kazantsev en tant que P.-D.G. ont entraîné une perte de 8 milliards de roubles pour Neftekhimik. Kazantsev vérifie le rapport d'audit, et prouve que, grâce à ses activités en tant que P.-D.G., la société a en fait réalisé un bénéfice de 6 millions de roubles et que les données de l'audit ont été fabriquées par les hommes de Rybolovlev. « Je ne suis plus responsable de ta sécurité », lui déclare alors Rybolovlev au téléphone, ce qui constitue une menace flagrante d'élimination physique.

Toujours en décembre 1994, Chevtsov suggère à A. I. Kretchetov de « porter quelques coups à Kazantsev... pour qu'il démissionne » parce qu'« il ne voulait pas coopérer et qu'il gênait ». Kretchetov travaillait en tant qu'agent de sécurité de Rybolovlev et de Chevtsov dans la banque, pour un salaire de 300 dollars par mois. Il avait auparavant servi dans les forces spéciales au Kazakhstan, où il avait gardé d'importantes installations. Il maîtrisait tous les types d'armes et était un boxeur émérite. Après avoir quitté l'armée, il avait travaillé comme instructeur de combat à mains nues, puis il avait suivi une formation de garde du corps et avait même obtenu un diplôme d'ingénieur en électronique.

Kretchetov a déjà commencé à chercher des personnes pour tabasser Kazantsev quand, fin décembre 1994, la mission est annulée. Kazantsev a en effet accepté de démissionner. Il signe sa lettre de démission le 10 janvier 1995, elle est datée du 21 janvier. Le 23 janvier, Panteleimonov assume les fonctions de directeur général. En avril 1995, l'assemblée générale approuve sa nomination.

Après être devenu copropriétaire de Metafrax en 1995, Rybolovlev se rend pour la première fois à Genève, où Metafrax a une succursale, et demande un permis de séjour suisse en tant qu'employé de Metafrax. L'épouse de Rybolovlev se souvient : « En 1994, après la privatisation de nombreuses entreprises russes, notre famille a été menacée par des criminels russes en raison de la réussite de Dmitri dans les affaires. Dmitri et moi avons discuté à plusieurs reprises de la nécessité de quitter la Russie et de l'endroit où nous pourrions installer notre foyer tout en permettant à Dmitri de gérer ses affaires. Il a décidé que Genève serait un endroit sûr, compte tenu de ce qui se passait en Russie pendant la période de privatisation. Dès que Dmitri a obtenu son permis de séjour, nous avons décidé de nous installer à Genève... ce que nous avons fait en mai 1995. »

Désormais, Elena et sa fille Ekaterina vivent à Genève. Rybolovlev, lui, passe le plus clair de son temps en Russie. Il semble que ce soit au cours de cette période qu'il ait décidé de « se débarrasser » des gangsters, de tous sauf un, Roustamov. Il a décidé de remplacer la « protection » des gangsters de Perm par une « protection » moscovite.

Au cours de l'été 1995, des négociations entre Rybolovlev et Rouslan, d'une part, et Tcherniavski, Lomakinee, Nelioubine et Makarov, de l'autre, ont eu lieu à Moscou. « Nous nous séparons d'eux », déclare Rybolovlev à M. V. Ochtchepkov, chef de son service de sécurité, en faisant référence à Tcherniavski, Nelioubine, Makarov et Lomakine. Les gangsters ont compris que « Rybolovlev veut tout partager avec Rouslan ». Selon Rybolovlev, Lomakine a vu qu'il n'avait « plus rien à faire chez Neftekhimik ».

Roustamov pense s'être mis d'accord sur tout avec ses frères de Perm. Le 4 août 1995, Panteleimonov nouveau directeur de Neftekhimik, s'envole pour Moscou à la demande de Rybolovlev pour rencontrer Roustamov et s'entendre avec lui sur les questions financières. Sur place, Panteleimonov se rend compte que « Rouslan soutient Rybolovlev et que les gars (Nelioubine, Tcherniavski, Lomakine) sont en train de partir ». Neftekhimik doit désormais payer directement Roustamov, qui garantit à Rybolovlev et à Panteleimonov qu'ils n'auront pas d'ennuis.

Les premiers fonds provenant du compte de l'une des sociétés de Rybolovlev sont transférés à Roustamov au cours de la première moitié du mois d'août. Au même moment, l'essentiel de l'argent provenant des activités communes des entreprises dont Rybolovlev était actionnaire commence à être transféré à la succursale moscovite du Credit FD dont Roustamov a été nommé directeur adjoint et directeur adjoint des ventes du Credit FD. Il semble qu'il ait également reçu 10 % des sociétés de Rybolovlev. Dans le même temps, les gangsters de Perm ont été exclus du conseil d'administration de la banque.

Le 4 septembre 1995, Panteleimonov est abattu dans l'entrée de son appartement à Perm.

Comme Z. L. Panteleimonova, l'épouse de l'homme assassiné, nous l'a ensuite raconté, son mari devait se rendre à une réunion d'affaires ce matin-là. À 7 h 55, alors qu'il est sorti de leur appartement pour promener le chien, sa femme entend « un bruit sec ». Elle se précipite sur le palier et voit son mari allongé sur le sol. Selon elle, il « n'avait aucun conflit avec qui que ce soit et ne s'attendait pas à être attaqué ».

Le 18 mars 1996, la police arrête Lomakine et Y. A. Kirsanov, soupçonnés d'avoir participé à un meurtre. Mais il s'agit d'un tout autre meurtre : dans la nuit du 8 novembre 1995, D. G. Zouev, membre du groupe criminel de Lomakine, a été abattu.

Il convient de souligner, ici, que l'associé de Rybolovlev, Oleg Gennadievitch Lomakine, est un gangster classique à la tête d'une bande de voleurs et d'assassins. C'est un ancien « Afghanien », c'est-à-dire un homme qui a connu la guerre en Afghanistan, qui a participé à des opérations de combat et qui sait manier les armes, même un lance-grenade. Certaines de ses connaissances pensent qu'en Afghanistan, il était devenu incontrôlable. En 1989, Lomakine avait été condamné à cinq ans de prison pour un délit criminel. En 1992, il avait été « libéré sur parole ». Mais dans l'après-midi du 22 décembre 1992, il s'était disputé sur le marché central de Perm avec un chauffeur de taxi qui refusait de le conduire pour 200 roubles (le chauffeur de taxi en demandait 500, alors que le taux de change du rouble était d'environ 400 roubles pour un dollar) et lui avait tiré au visage avec un pistolet à gaz qu'il n'avait pas le droit de porter sur lui. Lomakine s'était précipité pour s'échapper, mais il avait été arrêté. Il avait été à nouveau emprisonné, mais il avait été rapidement libéré. En 1993-1994, ce même Lokamine devient partenaire de Rybolovlev dans la privatisation des entreprises chimiques et pétrochimiques de la région de Perm, bien que Rybolovlev n'ait pu ignorer qu'il était un criminel ingérable.

Il est possible que Rybolovlev et Oleg Gennadievitch Lomakine aient été présentés par un autre Lomakine : Anatoly Gennadievitch Lomakine, bien qu'il ne soit indiqué nulle part dans sa biographie qu'il était le frère d'O. G. Lomakine.

A. Lomakine est né le 30 juin 1952. En 1975, il est diplômé du prestigieux et difficile d'accès Institut d'État des relations internationales de Moscou (MGIMO). Jusqu'en 1985, il travaille dans l'une des divisions de Soyouzpromexport, où il accède au poste de directeur de l'entreprise potassique VAO Agrokhimexport. Il travaille ensuite à la représentation commerciale de l'URSS au Danemark ; de 1985 à 1989, il est directeur commercial de Fershimex en Belgique, ce qui est inhabituel pour les années soviétiques : les gens étaient autorisés à travailler à l'étranger mais pas tous. En 1992, A. G. Lomakine crée l'International Potash Company (IPC), qui regroupe les plus grands producteurs d'engrais : Uralkali, Silvinit et Belaruskali. En 1994, il devient directeur général d'IPC. C'est à cette époque que Rybolovlev rencontre O. G. Lomakine et entame son partenariat.

Le gang de Lomakine se livrait à des vols, des braquages et des meurtres. L'arsenal des gangsters comprenait des armes blanches et des armes à feu, dont, comme l'enquête l'a précisé par la suite, un pistolet de petit calibre muni d'un silencieux, plusieurs pistolets Tokarev TT, un fusil d'assaut Kalachnikov obtenu par l'intermédiaire de Tcherniavski au printemps 1994, un fusil et quatre lance-grenades antichars RPG-18 « Mukha » obtenus en juillet-août 1995. C'est ce qui est tombé entre les mains des enquêteurs. En réalité, il y avait bien plus d'armes mais elles étaient dispersées en différents endroits.

Lomakine apparaît pour la première fois dans l'usine de Neftekhimik en février 1995. Il est présenté comme un « superviseur » de Rybolovlev. Lomakine n'intervient pas dans les activités de l'usine et ne donne aucune instruction à qui que ce soit – ce n'est pas sa fonction. Lomakine garde un œil sur l'argent. En fait, on n'a pas besoin de lui à l'usine, et il n'est pas un « superviseur » de Rybolovlev, mais un « superviseur » de la mafia de Perm, qui extorque de l'argent à l'usine.

Lomakine a son propre bureau dans le bâtiment de Neftekhimik et représente officiellement « les intérêts des actionnaires de l'usine ». Son salaire est de 2 000 à 2 500 dollars par mois. L'usine lui a acheté un appartement et lui a offert un nouveau SUV Mitsubishi Pajero pour son usage personnel. La voiture appartient à Neftekhimik et est louée à Lomakine pour 10 000 roubles par mois. Le taux de change moyen du rouble en 1995 étant de 4 558 roubles pour un dollar. Lomakine loue la voiture à Neftekhimik pour 2,19 dollars mensuels. En février 1996, Lomakine achète la voiture à Neftekhimik pour 220 millions de roubles (4 720 dollars), ce qui est également bas.

Mais Lomakine a un cadavre sur la conscience, celui-là même pour lequel il est arrêté en mars 1996. Voici l'histoire de ce meurtre.

Le 26 octobre 1995, vers 23 heures, Lomakine rencontre une certaine Marina au bar de l'hôtel Ural, à Perm. Le lendemain matin, il conduit Marina à son domicile. Alors qu'il s'en revient, roulant à une vitesse de 80 à 90 kilomètres / heure, il veut éviter un bus à l'arrêt, il se déporte, heurte un homme et le tue. Il s'arrête, sort de la voiture, vérifie que la personne qu'il a heurtée est morte, s'énerve d'avoir endommagé la voiture et repart. La voiture est en effet cabossée par suite de l'accident. Le lendemain, Lomakine déplace la voiture dans le quartier de l'université de la ville et, quelques jours plus tard, il dépose une plainte auprès de la police indiquant que sa voiture avait été volée alors qu'il était en voyage d'affaires (à partir de midi, le 25 octobre) dans une autre ville, Ekaterinbourg, d'où il venait de revenir.

Le 18 mars 1996, Lomakine est arrêté. Kirsanov est arrêté le même jour. Mais alors que Kirsanov est accusé du meurtre de Zouev, Lomakine est accusé du meurtre du piéton Alexander Dounine.

Dans un premier temps, Lomakine ne reconnaît pas sa culpabilité. Lors de l'interrogatoire du 20 mars, il déclare de nouveau que la voiture lui a été volée et qu'il n'a pas heurté le piéton, car il se trouvait à Ekaterinbourg ce jour-là. La présence de nombreux témoins désignant Lomakine comme le conducteur de la voiture qui a heurté l'homme ne l'embarrasse pas. Lors de l'interrogatoire suivant, le 28 mars, il plaide de nouveau non coupable et confirme sa précédente déposition. C'est alors que, le 2 avril, lors d'un interrogatoire complémentaire, Lomakine déclare, de manière inattendue, qu'il a décidé de modifier sa déposition : il reconnaît avoir effectivement renversé un homme le 27 octobre 1995. Il explique qu'il change sa déposition parce qu'un homme est mort et qu'il en est très affecté.

En fait, il modifie sa déposition parce qu'il a appris que Iouri Kirsanov avait été arrêté, et qu'il pense que ce dernier avouera le meurtre de Zouev et le désignera, lui, Lomakine, comme son instigateur. Il lui fallait trouver des atouts pour négocier avec les enquêteurs. Lomakine en a trouvé deux : un aveu de culpabilité pour le meurtre involontaire d'un piéton et une déclaration selon laquelle le meurtre de Panteleimonov, le 4 septembre 1995, avait été ordonné et organisé par Rybolovlev. La description du meurtre de Zouev nous donnera une idée de la nature des activités des personnes du groupe de Lomakine et de Lomakine lui-même, l'un des partenaires de Rybolovlev.

En octobre 1995, Lomakine propose de tuer son camarade Zouev parce qu'il a « reçu de l'argent pour payer un appartement mais l'a entièrement dépensé », parce qu'il « a empoché une partie de l'argent », parce qu'il « n'est pas arrivé à temps pour le meurtre de Panteleimonov », parce qu'il n'a « pas récupéré son arme après avoir tué Panteleimonov », parce qu'il a « consommé de la drogue » et parce que c'est un « mouchard ».

Le 7 novembre, la bande de Lomakine célèbre l'anniversaire de la révolution en Russie dans l'appartement que Zouev n'a pas payé, rue Startseva. Dans les protocoles d'interrogatoire, on peut lire : « Ils se sont assis et ont bu de l'alcool, du cognac, de la vodka, de la bière et du vin. Au cours de la conversation, ils ont tous décidé que Zouev devait être tué. C'est O. G. Lomakine qui a exprimé le besoin de tuer Zouev. O. G. Lomakine a affirmé que Zouev n'avait pas payé la facture de téléphone et que Zouev donnait des informations. Ils ont décidé ensemble d'attirer Zouev hors de l'appartement [où il se trouvait] et de l'emmener hors de la ville. O. G. Lomakine a suggéré de tuer Zouev avec des couteaux et de l'étrangler. Tout le monde a participé activement à la discussion. Le signal de l'attaque était l'arrêt de la voiture. »

Alors que Lomakine reste dans l'appartement de la rue Startseva, Sergueï Ilinykh, un membre du gang, prend avec lui un câble de télévision afin de pouvoir l'utiliser pour étrangler Zouev puis avec les autres, se rend chez la sœur de Zouev. Là, ils embarquent Zouev avec eux, ainsi qu'un revolver. Lorsque la voiture s'arrête, Ilinykh noue le fil électrique autour du cou de Zouev, il « fait un nœud autour du cou de Zouev », et commence à l'étrangler. Un autre membre du gang, S. G. Slabinski, qui avait sur lui un canif avec une lame de 7 à 10 cm (il l'a jeté après le meurtre), s'emploie à poignarder Zouev, une ou deux fois dans la tête et deux ou trois fois dans l'estomac, voulant « en finir le plus vite possible ». V[iatcheslav], G. Pachine et I[gor] I. Lomakine (homonyme d'O. G. Lomakine) aident à sortir Zouev de la voiture, après quoi I. Lomakine et Ilinykh poignardent à leur tour Zouev. Alors que Slabinski blesse accidentellement, par deux fois, le bras d'Ilinykh, Zouev se libère et s'enfuit. I. Lomakine le rattrape et l'achève à coups de couteau. Ayons en mémoire qu'Ilinykh a expliqué aux enquêteurs qu'ils voulaient tuer Zouev rapidement.

Fin novembre 1995, les participants au meurtre partent pour un séjour à Alouchta ; O. G. Lomakine leur a remis, à chacun, 1 000 $. Entre-temps, Kirsanov, qui a été arrêté, a témoigné que Lomakine, et non Rybolovlev, était impliqué dans le meurtre de Panteleimonov. Lomakine est interrogé. Le 18 avril 1996, il rédige une étrange déclaration selon laquelle le meurtre de Panteleimonov avait en fait été « ordonné » non par lui mais par Rybolovlev, et qu'il n'était qu'un relais, en tout cas pas le commanditaire ni l'organisateur. Il affirme que Rybolovlev l'avait approché et lui avait demandé de l'aider « à trouver des personnes pour éliminer son rival Panteleimonov » de son poste de P.-D.G. de Neftekhimik. Lomakine lui aurait alors répondu qu'il « devrait payer ces personnes lui-même », après quoi Rybolovlev aurait pris sur lui l'initiative de tuer Panteleimonov, en promettant 50 000 dollars aux auteurs du crime, sachant qu'ils seraient deux. Rybolovlev lui aurait « remis les pistolets dans un sac en plastique ». Il les aurait ensuite donnés à Zouev, qui les aurait donnés à Kirsanov et Ilinykh. Rybolovlev « aurait dû les payer » mais ne l'a pas fait.

Le 8 mai, Lomakine fait une nouvelle déposition : « Au début du mois d'août 1995, lorsque O. G. Lomakine s'est à nouveau présenté à Credit FD, dirigée par Rybolovlev et où Neftekhimik avait un compte, Rybolovlev lui a proposé de commettre le meurtre de Panteleimonov, en promettant de le payer 50 000 dollars pour cela. Lomakine a répondu à Rybolovlev qu'il devait d'abord demander aux personnes qu'il connaissait. Lomakine a appelé Ioura [Kirsanov] et Sergueï [Ilinykh], des habitants d'Alouchta qui se trouvaient à Perm, et leur a proposé de commettre le délit. Il

[Lomakine] a rencontré Rybolovlev et a reçu de ce dernier deux pistolets TT. Lomakine a apporté ces armes au marché central, où il les a remises à Zouev et lui a demandé de les apporter à un appartement de la rue Podlesnaïa et de les remettre à Ioura et Sergueï. Lomakine n'a pas élaboré personnellement le projet de meurtre et n'a pas reçu d'argent pour cela. Il a simplement transmis l'ordre de Rybolovlev à ses connaissances ; s'il avait reçu de l'argent pour le crime, celui-ci serait allé à Kirsanov et Ilinykh. Kirsanov et Ilinykh ont commis le meurtre de Panteleimonov et n'ont cessé de demander quand ils recevraient l'argent. »

Les documents d'enquête indiquent que « Lomakine est prêt à confirmer sa déposition lors d'un entretien en tête-à-tête avec Rybolovlev. Il a témoigné de son plein gré, sans aucune pression. Il se repent d'avoir fait partie de la même équipe que les personnes qui ont commis ces crimes. Il ne se plaint pas des conditions de détention dans la cellule. » Cette partie de l'enquête a été consignée par écrit, mais a aussi fait l'objet d'une vidéo. Il convient d'ajouter que la déposition a été faite en présence de l'avocat de Lomakine, A. V. Ketov.

Le 21 mai 1996, Rybolovlev est arrêté. Le 22 mai, son adjoint à Credit FD, Chevtsov, est arrêté. Le 23 mai, Lomakine et Rybolovlev sont confrontés. Rybolovlev refuse de témoigner, invoquant l'article 51 de la Constitution russe qui lui permet de ne pas témoigner contre lui-même. Lomakine, quant à lui, répète qu'au début du mois d'août 1995, alors qu'il se trouvait à la banque Credit FD et qu'il était entré dans le bureau de Rybolovlev, « ce dernier lui a proposé de commettre le meurtre de Panteleimonov et de trouver des assassins ». « La rémunération a été fixée à 50 000 dollars. Lomakine a demandé à ses hommes s'ils acceptaient d'être des tueurs à gages et ils ont accepté l'offre. Il fut ensuite convenu avec Rybolovlev que ce dernier lui remettrait les pistolets devant les bureaux de Credit FD. Rybolovlev les a remis dans un sac. Lomakine a pris les pistolets et est parti en taxi. »

« Rybolovlev a dit à Lomakine, selon l'acte d'accusation, qu'après le meurtre de Panteleimonov, son groupe financier détiendrait la totalité de Neftekhimik, qu'il en deviendrait l'unique propriétaire et qu'il en tirerait d'importants bénéfices financiers. Lomakine lui a répondu que si "les gars acceptent l'offre, le meurtre aura lieu". Rybolovlev a planifié le meurtre : il a proposé d'abattre Panteleimonov avec deux pistolets TT tôt le matin, lorsque Panteleimonov partirait au travail » et il « a promis 50 000 dollars aux deux tueurs à gages ».

Lors de l'interrogatoire du 11 juin, Lomakine déclare également que « Rybolovlev n'a pas spécifiquement expliqué à Lomakine les motifs de l'élimination de Panteleimonov, et Lomakine ne l'a pas interrogé à ce sujet ». Après le meurtre de Panteleimonov, « Lomakine a appelé Rybolovlev au sujet du paiement et s'est envolé pour Moscou afin de voir Rybolovlev qui, à l'époque, comme Lomakine s'en souvient, séjournait à l'hôtel Mejdounarodnaia. Lomakine s'est rendu de l'aéroport directement chez Rybolovlev, qui lui a dit qu'il ne pouvait pas le payer pour le moment et lui a promis de le faire très bientôt. » Cette rencontre a eu lieu fin septembre, début octobre 1995. Après le Nouvel an 1996, Rybolovlev a de nouveau promis de payer 50 000 dollars. Lomakine a demandé à être payé en espèces et en dollars. Les 21 et 24 juin, Rybolovlev refuse de nouveau de témoigner. En conséquence, le bureau du procureur de la Fédération de Russie entame une procédure d'enquête contre une organisation criminelle de Perm. L'affaire pénale (n° 4902) combine plusieurs meurtres et la conspiration d'un groupe criminel visant à se répartir le marché de la privatisation de Perm.

Petite parenthèse linguistique. Les procureurs soviétiques, russes, qui enquêtent sur les activités de personnes soupçonnées d'avoir commis des crimes, désignent toujours l'ensemble de ces personnes dans leurs documents comme un « gang » ou un « groupe criminel », et l'accord sur une activité commune comme une « conspiration » ou une « association de malfaiteurs ». Les personnes faisant l'objet d'une enquête ont peu de chances d'être acquittées par le tribunal, et l'enquête elle-même, même si vous étiez déclaré non coupable à la fin du procès, peut durer de neuf mois à deux ans. Or, comme il n'y a pas de système de libération sous caution, pendant l'enquête, le suspect est maintenu en prison, où les conditions sont toujours extrêmement mauvaises, voire inhumaines.

L'acte d'accusation du bureau du procureur indique : « En 1994, lors de la privatisation d'entreprises de la région de Perm, D. E. Rybolovlev, en tant que président du fonds d'investissement en coupons, Kamennï poyas, et de Credit FD nouvellement créée, a conspiré avec O. G. Lomakine, V. A. Nelioubine, V. B. Tcherniavski, S. Z. Roustamov et

S. E. Makarov pour acquérir, lors de ventes aux enchères et de ventes aux enchères d'investissements, des actions dans des entreprises situées dans la région de Perm, principalement dans le complexe chimique et pétrochimique : Uralkali, Silvinit, Azot, Neftekhimik, Metafrax et autres, à des prix légèrement supérieurs aux prix de départ, ainsi que pour acquérir des actions sur le marché secondaire des valeurs mobilières, cela en empêchant les concurrents d'acheter des actions, en utilisant l'influence de personnes parmi les membres de divers groupes criminels[2]. »

Fin 1994, l'accord entre Rybolovlev, Chevtsov, Nelioubine et Tcherniavski stipulait que Lomakine se voyait confier un poste au sein de Neftekhimik en tant que représentant du groupe Credit FD. Dans le cadre de cet accord, Lomakine contrôlait la livraison, le traitement et la vente des matières premières de la société. Lomakine explique lors de l'enquête qu'il possède 1 à 2 % des actions de Credit FD, 2 à 3 % des actions de Metafrax et 1 % des actions de Neftekhimik. Cependant, il n'a pas conclu d'accords officiels à cet égard, tout était convenu verbalement. D'autres accords avaient été conclus pour que les actions de Neftekhimik et de Credit FD soient réenregistrées à son nom, en tant que personne physique, dès que l'occasion se présenterait. Mais tous ces accords ont été conclus verbalement avec Rybolovlev. Les actions achetées par Lomakine ont, elles, été enregistrées dans la société de Rybolovlev.

Le 17 juillet 1996, S. V. Ilinykh est arrêté et il évoque immédiatement les meurtres de Zouev et de Panteleimonov. Si les enquêteurs ont bien compris l'affaire du meurtre de

Zouev, leur compréhension du meurtre de Panteleimonov, en revanche, prend une autre tournure après la déposition d'Ilinykh. Le détenu déclare en effet que le meurtre de Panteleimonov a été organisé et planifié par Lomakine. Trois jours avant le meurtre de Panteleimonov, Lomakine était venu dans leur appartement de Perm, au 19/1 rue Podlesnaïa, et avait dit qu'il fallait tuer le directeur général de Neftekhimik, parce que lui, Lomakine, recevait « de l'argent de l'usine, et que Panteleimonov voulait payer Moscou, et qu'il avait des informations selon lesquelles Panteleimonov voulait le quitter ».

À l'époque, Panteleimonov avait déjà cessé de donner de l'argent à Lomakine, et « afin de conserver l'usine pour lui », Lomakine devait « se débarrasser de Panteleimonov ». Interrogé le 1er août, Ilinykh explique que Lomakine recevait de l'argent de l'usine par l'intermédiaire de la vente de « marchandises non comptabilisées », mais que Panteleimonov voulait s'éloigner de Lomakine et se mettre sous protection à Moscou, ce dont Lomakine avait été informé par un appel de la capitale. Comme l'a déclaré Efimov, membre du gang, « les gars ont tiré sur Panteleimonov parce que ce dernier a commencé à coopérer étroitement avec Moscou et a cessé de lui obéir [à Lomakine] ». En d'autres termes, Roustamov a appelé Lomakine et l'a informé que Neftekhimik ne le paierait désormais plus, mais le paierait, lui, Roustamov.

Kirsanov assistait à la conversation. Tous deux, lui et Ilinykh, se sont portés volontaires pour commettre le meurtre. Lomakine leur a décrit Panteleimonov, leur a dit où il vivait et leur a dit que Vitali Mourakhovitch les conduirait là où il habitait, tandis que Zouev attendrait à l'extérieur. Mourakhovitch savait où habitait Panteleimonov. Avant le meurtre, il avait repéré l'immeuble. Zouev était chargé de surveiller les lieux et de recueillir les informations nécessaires : étudier l'emplacement et la disposition de l'appartement de Panteleimonov, « l'heure à laquelle il partait au travail, l'heure à laquelle il revenait, ses itinéraires de déplacement, le nombre de membres de la famille et les itinéraires de fuite possibles après que le crime aurait été commis ». Zouev indique que Panteleimonov conduit une jeep, donne l'heure à laquelle il part habituellement au travail, l'étage où il vit, et que l'immeuble a deux sorties et un concierge. Il est décidé que le meurtre aurait lieu le matin, quand Panteleimonov se rendrait au travail. Lomakine suggère de sonner à la porte de l'appartement et de tuer Panteleimonov lorsqu'il se présenterait.

Le 4 septembre 1995, vers 7 heures du matin, Mourakhovitch vient prendre Ilinykh et Kirsanov avec des armes dans la voiture et les dépose au 77b de la rue Karpinskogo à Perm, où vit Panteleimonov. Zouev n'est pas sur place. Les tueurs attendent Panteleimonov sur le palier, pendant 15 à 20 minutes. Panteleimonov quitte son appartement et appelle l'ascenseur. Kirsanov s'approche alors et tire quatre coups de feu. Panteleimonov tombe. Ilinykh, comme indiqué dans les documents d'enquête, « s'est approché de la victime et a tiré un coup de contrôle dans la région de la tête avec un pistolet TT... La victime est décédée sur les lieux du crime ». Les tueurs quittent le bâtiment par l'escalier situé en face de l'entrée principale. Ils avaient prévu de sauter du premier étage, mais la porte donnant sur la rue n'était pas verrouillée. Mourakhovitch les attend à l'endroit convenu. Environ 40 minutes se sont écoulées depuis que Mourakhovitch les a conduits à l'appartement de Panteleimonov.

Après avoir tué Panteleimonov, les tueurs se rendent à l'appartement de Mourakhovitch, se changent et y laissent leurs pistolets. Ils vivent dans l'appartement de Zouev pendant une semaine, puis Mourakhovitch les installe dans sa datcha. Ils y brûlent les vêtements qu'ils portaient dans les bois.

Au cours de la deuxième quinzaine de septembre, les criminels partent pour Alouchta. Avant leur départ, Mourakhovitch apporte 2 000 dollars à Ilinykh et Kirsanov de la part de Lomakine. Environ un mois plus tard, Lomakine leur téléphone, et leur dit que tout est calme à Perm. Ils retournent à Perm où ils logent au 11, rue Startseva, appartement 67.

Le 24 juillet 1996, des confrontations ont eu lieu entre Ilinykh et Kirsanov. Après qu'Ilinykh a confirmé que lui et Kirsanov ont tué Panteleimonov, ce dernier annonce qu'il aimerait « parler à l'enquête ». Kirsanov reconnaît qu'il a bien assassiné Panteleimonov. Cependant, au moment du meurtre, il ne savait pas que la victime était le directeur général de la société Neftekhimik. Il ne savait pas non plus qui était à l'origine du meurtre. L'interrogatoire est enregistré sur vidéo. En juillet 1996 toujours, Lomakine commence à refuser de témoigner et refuse de reconnaître sa culpabilité, en invoquant l'article 51 de la Constitution de la Fédération de Russie. Le 31 juillet 1996, son avocat

I. M. Avergoune, envoie une déclaration de son client au procureur de la région de Perm, affirmant qu'il s'était « parjuré » et que Rybolovlev, « n'avait jamais suggéré de tuer Panteleimonov ».

Lors de la confrontation d'Ilinykh et de Lomakine, menée le 31 juillet, jour de la rédaction de la lettre au procureur de la région de Perm, Lomakine déclare qu'« il ne pouvait ni infirmer ni confirmer son témoignage précédent. Il n'a pas donné d'instructions spécifiques à Ilinykh concernant le meurtre de Panteleimonov. Il n'a jamais donné à quiconque le nom du commanditaire du meurtre, y compris à Ilinykh. Il n'a jamais promis à Ilinykh une récompense pour le meurtre. Il ne peut pas corroborer son témoignage. Il n'a jamais donné d'arme à qui que ce soit. Ilinykh commet un parjure ».

Ilinykh, pour sa part, insiste sur le fait que c'est Lomakine qui lui a suggéré de commettre le meurtre de Panteleimonov, Lomakine qui a attribué les rôles et qui a expliqué au cours de la conversation que le meurtre devait être commis « pour que l'argent n'aille pas à Moscou » (à Roustamov).

Le 6 août, Lomakine déclare aux enquêteurs qu'il « ne dira pas dans quelle mesure il plaidera coupable. La seule chose qu'il souhaite dire, c'est qu'il n'avait pas de mobile intéressé et qu'il n'était pas impliqué dans la planification du meurtre de Panteleimonov, comme il l'avait déjà déclaré plus tôt dans son témoignage ». Le 8 août, Lomakine refuse de nouveau de répondre aux questions des enquêteurs pour savoir s'il avait fait « une offre pour tuer Panteleimonov ou s'il avait donné des armes à quelqu'un ». Il explique qu'il n'a donné d'armes à personne et qu'il n'a pas versé d'argent pour le meurtre. Le 12 septembre, lors de leur confrontation, Kirsanov et Lomakine, les deux accusés, refusent de témoigner conformément à l'article 51 de la Constitution de la Fédération de Russie. Le 3 octobre, Kirsanov refuse de plaider coupable et explique qu'il ne témoignera pas sur tous les chefs d'accusation pour des raisons personnelles. Selon lui, « il avait précédemment donné des témoignages différents concernant le meurtre de Panteleimonov en raison des pressions physiques et psychologiques exercées sur lui ».

Le 4 octobre, après la lettre de Lomakine au procureur de Perm, Rybolovlev accepte pour la première fois de témoigner dans le cadre de l'enquête. Il déclare « qu'il n'était pas de connivence avec Nelioubine, Lomakine, Tcherniavski et Makarov. Il n'y a pas eu d'accord pour transférer des actions à ces personnes. 15 % de Credit FD ont été vendus à Lips en raison de la pression psychologique exercée par V. B. Tcherniavski sur Rybolovlev. Il n'a pas désigné O. G. Lomakine comme son représentant au sein de Neftekhimik. Il savait que ce dernier traînait dans l'usine, mais il ne pouvait rien y faire. En raison des menaces de Tcherniavski, Nelioubine, Makarov et Lomakine, il portait un gilet pare-balles ».

Rybolovlev nie catégoriquement les accusations d'implication dans le meurtre de Panteleimonov, soulignant qu'il n'a pas rencontré Lomakine pour discuter de l'affaire, n'a pas promis de verser de l'argent pour le meurtre, n'a pas donné d'armes à Lomakine et n'a « jamais ordonné à Lomakine de tuer Panteleimonov, car il n'avait aucun désaccord avec Panteleimonov et avait personnellement proposé Panteleimonov pour le poste de directeur général ». Ils avaient des relations professionnelles normales au travail. Si des désaccords sérieux étaient apparus, compte tenu de la participation qu'ils détenaient, ils auraient pu forcer Panteleimonov à se retirer sans recourir à d'autres méthodes. Par conséquent, il n'avait aucun motif de commettre ce délit. Il ajoute qu'à partir de la fin de 1994, V. B. Tcherniavski, V. A. Nelioubine, S. E. Makarov et O. G. Lomakine ont extorqué ses parts dans l'entreprise. En raison de ses relations compliquées et déplaisantes avec eux, il ne pouvait pas ordonner à Lomakine de tuer Panteleimonov. Lorsque l'enquête soulève la question de savoir comment O. G. Lomakine est entré dans Neftekhimik et a pu y avoir un bureau, Rybolovlev répond que c'est grâce à l'extorsion. La présence de Lomakine dans Neftekhimik est également une concession aux exigences des personnes susmentionnées.

Le 7 octobre 1996, Kirsanov – autre surprise de l'enquête – rédige une déclaration manuscrite dans laquelle il avoue avoir participé au meurtre de Panteleimonov, mais précise qu'il a été persuadé de participer au meurtre par Zouev (qui est mort) et que, selon Zouev, « l'ordre » de tuer Panteleimonov venait de Tcherniavski (lui aussi mort dans un accident de voiture le 25 décembre 1995). « Zouev lui a dit que c'était Tcherniavski qui lui avait demandé de tuer Panteleimonov », rapporte l'enquête. Le témoignage de Kirsanov est envoyé par courrier par son avocat Y. P. Makarovski. Lomakine et Rybolovlev, selon ces nouvelles déclarations, n'ont donc rien à voir avec le meurtre de Panteleimonov.

L'enquête aboutit à une impasse. L'information selon laquelle le meurtre de Panteleimonov a été « ordonné » par Rybolovlev vient de Lomakine. Tous les autres témoins ou suspects qui ont déclaré que Rybolovlev avait « commandité » le meurtre n'en ont eu connaissance que par les paroles de ce même Lomakine, qui ne cessait de répéter à tout le monde que Rybolovlev avait « commandité » le meurtre. Rybolovlev lui-même n'était pas à Perm le jour du meurtre : il se trouvait en Suisse. Selon ses documents de voyage, il était absent de Perm du 28 avril au 10 mai, le 6 août, du 11 au 12 août et le 26 août, le 5 septembre, du 7 septembre au 4 octobre, du 6 au 23 octobre et du 30 octobre au 11 novembre 1995. Après le meurtre de Panteleimonov, il est revenu en ville pour une journée, le 6 septembre, puis est reparti. Une absence aussi longue est plutôt l'indice que Rybolovlev se cachait de peur d'être la victime de criminels.

Le 5 octobre 1995 Rybolovlev rédige une déclaration indiquant : « À ouvrir après ma mort », qui témoigne que Nelioubine, Tcherniavski, Lomakine et Makarov lui extorquaient des actions d'Uralkali, d'Azot et de Neftekhimik et que depuis août 1995, il était menacé, que son enlèvement était en préparation et qu'il y avait des discussions sur son élimination physique. Cette déclaration est conservée dans le coffre-fort de la banque.

C'est que, peu après le meurtre de Panteleimonov, Lomakine avait déclaré lors d'une conversation avec ses hommes de main que Rybolovlev le sabotait à l'usine, qu'il « répandait des mensonges à son sujet » et qu'il fallait « l'éliminer ».

Dans le même temps, Lomakine avait commencé à raconter à ses subordonnés que Rybolovlev avait ordonné le meurtre de Panteleimonov, promettant de payer 200 000 dollars pour ce meurtre, ce qu'il n'avait pas fait, et que Rybolovlev leur devait donc 200 000 dollars. La légende des 200 000 dollars que Rybolovlev n'a pas payés pour le meurtre avait pris de l'ampleur avec le temps, et tous les membres de l'organisation de Lomakine avaient fini par être persuadés que Rybolovlev leur devait de l'argent ou des actions. Or, il est dangereux d'avoir des dettes envers les gangsters.

Selon Ochtchepkov, après le meurtre de Panteleimonov, Rybolovlev avait renforcé sa sécurité, se cachant souvent à l'étranger. Une fois, quelqu'un l'avait menacé au téléphone : « Nous te trouverons, tu ne peux pas te cacher de nous à l'étranger ». Tcherniavski, après près de trois heures d'entretien avec Rybolovlev, avait quitté son bureau en disant à son garde du corps P. N. Dymov qu'il voulait travailler normalement, mais qu'ils essayaient de le tromper. À Chevtsov, peu après le meurtre de Panteleimonov, ce même Tcherniavski avait dit « de manière grossière » : « Oubliez Panteleimonov. Quant à Rybolovlev, il est avide, il ne veut pas partager, et il ne se rend pas compte qu'il risque d'être enterré ». Chevtsov avait immédiatement raconté cette conversation à Rybolovlev, en disant qu'« il a été décidé de l'enterrer ». Nelioubine avait déclaré à Rybolovlev que s'il « respectait ses engagements, il n'aurait pas besoin de douze agents de sécurité ».

En août 1995, les relations de Rybolovlev avec les gangsters étaient tendues, voire hostiles. C'est la première chose qui l'a disculpé de l'accusation d'avoir participé à l'assassinat de Panteleimonov. Mais au cours des interrogatoires, de nouvelles circonstances concernant la préparation d'attentats contre les gangsters eux-mêmes sont apparues, et Rybolovlev et Chevtsov ont été soupçonnés. Pour commencer, en octobre-novembre 1995, un engin explosif avait été trouvé sous la voiture de Tcherniavski. Et, selon ce dernier, il « venait de Rybolovlev parce qu'il ne voulait pas payer pour Panteleimonov ». La charge avait été réglée par « quelqu'un de Credit FD » et Tcherniavski pensait que cette personne était Chevtsov.

Les relations avec Nelioubine étaient également devenues hostiles. À partir du 7 août 1995, immédiatement après le meurtre de Panteleimonov, Nelioubine n'avait plus été autorisé à entrer au Credit FD sans l'accord préalable de Rybolovlev ou de Chevtsov. Le 29 août 1995, Nelioubine s'était définitivement brouillé avec Rybolovlev au cours d'une conversation qu'ils avaient eue en Suisse. Début septembre, Nelioubine avait appris que Chevtsov avait ordonné son assassinat.

Chevtsov avait ordonné l'assassinat de Nelioubine à Kretchetov (à qui il avait déjà demandé d'organiser le passage à tabac de Kazantsev, le directeur de Neftekhimik), expliquant « qu'il contractait trop de prêts », qu'il ne remboursait pas, « qu'il était devenu très insolent » et « qu'ils en avaient assez de lui ». Nelioubine devait être démis de ses fonctions « après le 28 avril ». Chevtsov avait accordé à Kretchetov une avance de 5 000 dollars. Kretchetov devait recevoir 15 000 dollars supplémentaires une fois la tâche accomplie. Cependant, au lieu de tuer Nelioubine, Kretchetov, le 18 avril, avait échangé 1 000 dollars, acheté un téléviseur, et perdu le reste de l'argent dans un casino du complexe sportif Izmaïlovo à Moscou, après quoi il était retourné à Perm et, en mai, avait informé Sergueï Lobaev, l'adjoint de Nelioubine, de l'ordre.

En avril et mai, Nelioubine était à Chypre. En septembre 1995, avec Lobaev, Kretchetov s'était envolé pour Moscou, où il avait tout raconté à Nelioubine en personne. Kretchetov pensait que l'ordre venait de Rybolovlev, car « Chevtsov ne pouvait pas prendre de telles décisions tout seul ». Il n'avait pas demandé d'argent pour ces informations, mais il avait dit : « Si vous me payez bien, je m'occuperai de Chevtsov. »

En novembre 1995, Nelioubine avait raconté à Roustamov ce qui s'était passé. Roustamov avait organisé une rencontre entre Nelioubine, Chevtsov et Rybolovlev à Moscou. La conversation avait eu lieu dans le bureau moscovite de la banque en présence de Roustamov et avait duré de 5 à 6 heures. On ne sait pas sur quoi ils s'étaient mis d'accord, mais Nelioubine avait renforcé sa sécurité et avait commencé à se rendre moins souvent à Perm.

Au même moment, le département du FSB de Perm avait reçu des informations sur l'intention de Kretchetov de tuer Nelioubine. Il semble que cette information ait été initialement reçue par A. V. Rychkov, un officier du FSB à Perm, qui avait convoqué Chevtsov, Kretchetov et Nelioubine pour leur parler. Kretchetov avait dit à Rychkov qu'il avait reçu l'ordre de Chevtsov de tuer Nelioubine et qu'il avait reçu un dépôt de 5 000 dollars, et que Nelioubine avait en retour proposé à Kretchetov « de transporter Chevtsov sur la rive droite de la Kama sous un prétexte plausible et de le remettre aux hommes de Nelioubine ».

Le 24 septembre 1996, Kretchetov est convoqué au département des affaires intérieures de Perm, où il passe une vingtaine de minutes avec l'enquêteur de police Osipov. Osipov n'a pas expliqué la raison de la convocation à Kretchetov, mais a dit qu'« il y avait une personne qui voulait le rencontrer ». L'homme s'avère être l'un des agents de sécurité de Credit FD, qui propose à Kretchetov de signer une lettre adressée au procureur de la ville dans laquelle il revient sur son témoignage concernant l'agression de Kazantsev et le meurtre de Nelioubine commandité par Chevtsov. L'homme déclare qu'il est un représentant de la banque et que si Kretchetov fait une déclaration à cet effet et la certifie devant notaire, il est « prêt à payer toute somme demandée par Kretchetov ». Kretchetov demande 100 000 dollars, ce à quoi l'interlocuteur lui répond qu'il a besoin de consulter quelqu'un et lui donne rendez-vous le 25 septembre 1996 sur la place de l'Amitié à Perm, à 16 heures. Mais personne n'est venu à ce rendez-vous.

Le 4 octobre 1996, Rybolovlev déclare qu'il n'a pas conspiré avec Chevtsov pour planifier le meurtre de Nelioubine, et qu'il n'a « jamais entendu le nom de Kretchetov ». Chevtsov rejette également catégoriquement toutes les accusations de Kretchetov et déclare qu'il « ne sait pas comment le FSB a appris l'existence de Kretchetov, car il n'a pas lui-même contacté le FSB ».

Le 26 décembre 1995, à son arrivée à Perm le lendemain de la mort de Tcherniavski dans un accident de voiture, Nelioubine avait été convoqué à la direction locale du FSB. Là, on lui avait dit qu'on avait des informations sur son projet de tuer Chevtsov et que Kretchetov craignait également une tentative d'assassinat. Nelioubine avait répondu qu'il n'avait pas l'intention de tuer qui que ce soit, mais qu'il craignait pour sa vie et que des agents de sécurité l'accompagnaient 24 heures sur 24 au travail et à son domicile. Le FSB n'avait pas vérifié tous ces faits car, du point de vue de Rychkov, « les informations relatives à l'ordre étaient insignifiantes et l'exécutant n'avait pas l'intention d'exécuter l'ordre ».

En avril 1997, après onze mois de prison, Rybolovlev est libéré. Il était difficile de le poursuivre : Lomakine s'était rétracté, il était impossible de prouver l'implication de Rybolovlev dans la tentative d'élimination de Tcherniavski et de Nelioubine, ne serait-ce que parce que les crimes n'avaient pas été commis. Mais en Russie, il est pratiquement impossible d'échapper aux mains du parquet après près d'un an d'enquête. Lomakine, Ilinov et Kirsanov sont condamnés à 15 ans de prison chacun. Rybolovlev est acquitté de tous les chefs d'accusation dans l'affaire n° 4902 en 1998. Il est la seule personne dans cette affaire à être acquittée.

Pour arriver à ce résultat, la belle-mère de Rybolovlev, Larissa Tchouprakova, aurait dû verser un pot-de-vin à hauteur de 250 000 dollars. À partir de là, l'affaire a effectivement été classée. Les négociations pour le pot-de-vin, pour la libération de Rybolovlev et le classement de l'affaire ont été menées par Roustamov, qui, selon ses propres termes, a

« sauvé » Rybolovlev qui lui « doit désormais la vie ». Le mystère continue de planer sur la manière dont Roustamov a sauvé la vie de Rybolovlev.

Après l'assassinat de Panteleimonov, en raison de l'épreuve de force entre les gangsters, des enquêtes et des interrogatoires, les ventes des produits de Neftekhimik ont fortement baissé. L'entreprise s'est endettée et le cours de l'action a commencé à chuter. Rybolovlev, qui possède environ 40 % des actions, vend ses parts de Neftekhimik à Solvalyub et utilise le produit de la vente pour acheter des actions d'Uralkali.

En octobre-novembre 1995, avant même l'arrestation de Rybolovlev et Chevtsov, Roustamov avait convaincu le groupe de Perm de se séparer de Rybolovlev et de se retirer de toutes les structures, entreprises et sociétés communes. Lips avait vendu à Rybolovlev sa participation dans Credit FD. Rybolovlev avait vendu sa participation dans Lips à Lip-su. Lomakine, Tcherniavski et Nelioubine avaient vendu leurs parts dans Neftekhimik et Solikamskbumprom. En octobre-novembre, « en raison de la décision d'arrêter complètement de travailler avec Rybolovlev », les actions d'Uralkali et d'Azot avaient été échangées. Rybolovlev avait reçu Uralkali ; le groupe de Perm avait reçu Azot. Les négociations avaient été menées par Rybolovlev et Chevtsov d'une part et Tcherniavski d'autre part. En conséquence, le groupe de Rybolovlev et la société de Lips se sont partagé les sphères d'influence et ont redistribué les parts dans les principales entreprises chimiques et pétrochimiques de Perm et de la région : Azot, Metafrax, Silvinit,

Neftekhimik et d'autres. En remerciement de ses services, Roustamov avait reçu de la part de Rybolovlev des actions dans Metafrax, et de la part des gangsters ce qui lui était dû en tant qu'actionnaire de Lips.

À partir d'août 1995, date de l'assassinat de Panteleimonov, Roustamov avait commencé à passer beaucoup de temps à l'étranger, principalement aux États-Unis, même si, en 1996, sa résidence était toujours enregistrée à Perm, au 28/1 de la rue Koufonina, appartement 23. Ce qu'il a fait entre 1996 et 2000 n'est pas tout à fait clair. Mais depuis 2000, sa biographie semble irréprochable. Selon la version officielle, reprise mot pour mot sur divers sites web, il est membre du ministère russe de la Défense depuis 2000. « Il est actif dans l'industrie chimique et pétrochimique, investit dans des fonds énergétiques, des projets de production de pétrole et de gaz, des investissements dans l'immobilier commercial et résidentiel » et est multimillionnaire.

En août 2005, Roustamov achètera une villa pour 2,45 millions de dollars au 8410 Brookwood Court, McLean, Fairfax County, 22102 Virginia[3]. En 2011, sa femme Marina Kotova (le couple a alors trois enfants) achètera un autre manoir en Virginie pour 1,6 million de dollars au 1401 Woodhurst Blvd, McLean Virginia.

La femme de Rybolovlev, raconte qu'elle avait très peur de l'homme aux « yeux bleus » et au « regard perçant » qu'était Roustamov, mais sans en révéler les raisons. Il n'est pas surprenant que les liens entre Rybolovlev et Roustamov n'aient pas été rendus publics, ni en Amérique ni en Europe, et que Roustamov n'ait pas été présenté aux connaissances de Rybolovlev comme un « cerveau criminel ». En 2014, Roustamov était le « bénéficiaire effectif » de Metafrax, une entreprise chimique située dans la région de Perm, où sont concentrées les activités de Rybolovlev. Roustamov dirigeait la société russe MetaHolding, actionnaire majoritaire de Metafrax. En 2017, Roustamov détenant 92,37 % des parts de l'entreprise, il la transformera en groupe.

Le groupe Metafrax est le plus grand producteur de méthanol, de formol et de résines synthétiques en Russie et en Europe, avec des installations de production en Russie (territoire de Perm et région de Moscou) et en Autriche. Le chiffre d'affaires annuel du groupe Metafrax s'élève à plus de 40 milliards de roubles (à un taux de change moyen de 58 roubles pour 1 dollar), et sa zone d'approvisionnement comprend plus de 50 pays.

Lomakine est sorti de prison début 2009 avec une participation de 33 % dans la West Urals Chemical Company, en laquelle Lips a été transformée. En 2009, il ne restait plus que trois associés : Tcherniavski était décédé et Roustamov était parti, en outre, Lomakine a reçu 960 000 dollars de dividendes accumulés au cours de ses années d'emprisonnement. Il s'est donc retrouvé avec beaucoup plus que les 200 000 dollars qu'il aurait dû recevoir pour avoir tué Panteleimonov. Il ne reste plus qu'à comprendre comment Rybolovlev, sorti de détention préventive en 1997 avec l'aide de Roustamov et d'un pot-de-vin, a pu développer ses affaires et devenir multimillionnaire, puis milliardaire.

Rybolovlev n'est pas un homme dont l'apparence physique peut effrayer qui que ce soit. Il n'est pas craint.

Ce n'est pas un chef de la mafia. Il n'est pas charismatique, mais il comprend bien comment le système fonctionne, ce système qui grâce au versement d'un pot-de-vin de 250 000 dollars lui a permis de sortir de prison. « J'ai compris qu'il était essentiel d'entretenir de bonnes relations avec de nombreuses personnes, y compris les autorités. Avant, je ne faisais que des affaires et je n'essayais pas de m'intégrer dans ce système. Maintenant, je suis sûr que les grandes entreprises ne peuvent pas exister en dehors de l'État », a-t-il déclaré.

La nuance délicate est que le pot-de-vin de 250 000 dollars a été remis au FSB, et la personne qui a libéré Rybolovlev n'est autre que le général Sergueï Pavlovitch Ezoubtchenko, chef du département régional du FSB de la région de Perm (depuis 2005, le territoire de Perm), qui est finalement devenu général de corps d'armée et qui est maintenant, et pour de bon, le partenaire et le gestionnaire de Rybolovlev. C'est grâce au partenariat et au patronage du FSB que Rybolovlev (qui a reçu le surnom d'« Écaille » au FSB[4]) et qui est désormais tenu par la Sécurité d'État, a pu se lancer, s'enrichir et devenir multimillionnaire. En fait, Rybolovlev pourrait plutôt être considéré comme un gestionnaire de l'empire Ezoubtchenko, un homme exécutant les instructions du tout-puissant général de la Sécurité d'État. Rybolovlev a remplacé son ancienne « protection » de gangster, qui n'avait pas réussi à le sauver d'un emprisonnement de 11 mois, par la « protection » du FSB, qui, comme le temps l'a montré, s'est avéré exceptionnellement solide.

Ezoubtchenko est né en 1951 à Astana (anciennement Alma-Ata), la capitale du Kazakhstan, dans la famille d'un officier du KGB. Il est diplômé du lycée d'Ust-Kamenogorsk. En 1969, il est entré à l'Institut de radiotechnique et d'électrotechnique de Tomsk. Après avoir obtenu son diplôme en 1974, il a commencé à travailler pour le KGB à Tomsk et dans la région de Tomsk. De janvier 1993 à octobre 1995, il a été chef adjoint du département du KGB dans la région de Tchita. En octobre 1995, il a été nommé chef du département de Perm du FSB, où, en 1997, le destin l'a amené à rencontrer Rybolovlev, qui faisait l'objet d'une enquête. À partir de cette date, Ezoubtchenko a joué le rôle de « protection » de haut rang du FSB pour Rybolovlev, qui s'est rapidement hissé au rang d'oligarque et de milliardaire, et pour ses nombreuses entreprises en Russie et à l'étranger.

Ezoubtchenko est resté à la tête du département de Perm du FSB jusqu'en 2002. En janvier 2003, le général est devenu directeur général adjoint de ZAO Permgeologodobycha, une filiale d'Uralkali créée en 2002 et engagée dans l'exploration de gisements de diamants dans la région de Perm. Dans le même temps, il était « assistant » (en fait un superviseur du FSB) du président du conseil d'administration d'Uralkali, qui n'était autre que Rybolovlev depuis juin 2004[5].

Pendant que Rybolovlev était en prison, son compatriote Iouri Troutnev, né en 1956, devenait gouverneur de la ville. Troutnev est un ancien membre du Komsomol, passionné de sambo, de lutte, de karaté et de course automobile. En 2000, il envisage de se présenter au poste de gouverneur de la région de Perm. Rybolovlev, qui vient d'être libéré de prison, décide de s'impliquer dans la grande politique sur les conseils d'Ezoubtchenko et investit de l'argent dans la campagne du maire de Perm, Troutnev, pour le poste de gouverneur de la région, où Rybolovlev a sa principale entreprise. Troutnev remporte le scrutin et devient gouverneur à la fin de l'année 2000. De la sorte, comme il le dira lui-même plus tard, Rybolovlev devient « un sponsor de la carrière de Troutnev », qui finit par accéder au poste de vice-premier ministre.

En 2004, Troutnev est nommé ministre des Ressources naturelles et de l'environnement au sein du gouvernement russe. Il s'agit d'un poste très rémunérateur dans un pays pauvre mais riche en minerais. Un poste très utile, car en octobre 2006, une catastrophe se produit dans l'une des mines d'Uralkali.

En 2006, Rybolovlev a prévu d'introduire Uralkali à la Bourse de Londres. En conséquence, la société augmente considérablement sa production de minerai, ce qui entraîne la destruction de la couche protectrice de la mine n° 1. Le 11 octobre 2006 (une semaine avant l'accident), Rybolovlev interrompt le projet d'introduction en Bourse, peut-être parce qu'il s'attendait à une catastrophe dans la mine et qu'il a décidé de ne pas risquer le succès de l'introduction en Bourse.

Le 17 octobre 2006, la mine Uralkali de Berezniki commence à être inondée, entraînant une fermeture et une pollution de l'air par les gaz souterrains. Uralkali nie la gravité de l'accident, mais quelques jours plus tard, un gouffre de 500 mètres s'ouvre à la surface de la mine de Berezniki. L'ampleur de la catastrophe est considérable. Les journaux la qualifient à juste titre de pire catastrophe environnementale dans l'espace post-soviétique depuis Tchernobyl. Les chemins de fer et les installations énergétiques sont endommagés et un grand nombre d'habitants se retrouvent sans abri.

Selon certaines hypothèses, la mine s'est effondrée parce que l'entreprise a refusé de financer l'installation de tuyaux de drainage. Une commission gouvernementale est mise en place pour enquêter sur les causes de l'accident. Elle est dirigée par Iouri Troutnev et Oleg Tchirkounov, le successeur de Troutnev au poste de gouverneur de Perm. Les conclusions de la commission sont très favorables à Uralkali, puisqu'elles indiquent que la doline est le résultat d'une « anomalie géologique inconnue jusqu'alors » et que les circonstances qui ont précédé l'accident étaient extraordinaires et indépendantes de la volonté de l'homme. Sur le plan personnel, Rybolovlev est également exonéré de toute responsabilité pour les dommages causés. Cependant, le 28 juillet 2007, un deuxième gouffre apparaît, d'une profondeur de 15 mètres et d'une superficie de 3 500 mètres carrés. Le 13 août, l'entonnoir s'étend sur plus de 10 000 mètres carrés, causant encore des dégâts aux maisons et aux infrastructures de la ville.

Les deux catastrophes ont en fait été causées par l'exploitation prédatrice des ressources naturelles et le manque d'investissement dans la sécurité des mines d'Uralkali, qui ont entraîné l'inondation d'une partie des chantiers miniers et des effondrements de terrain sous des bâtiments résidentiels et des installations de production dans la ville de Berezniki. Au moment de la catastrophe, Ezoubtchenko était superviseur du secteur de la sécurité au sein de l'administration présidentielle russe et vice-président de conseil d'administration d'Uralkali en tant que « conseiller en sécurité ». Troutnev était ministre des Ressources naturelles et de l'environnement. Tout a donc été mis sur le compte des tremblements de terre des années 1990. « Troutnev m'a sauvé la vie, racontait Rybolovlev sans comprendre qu'il valait mieux ne pas évoquer ce genre de choses. Cela m'a coûté cher, mais cela m'a sauvé la vie. » La corruption est une chose naturelle pour lui.

L'accident ayant entraîné une hausse des prix mondiaux des engrais potassiques, Rybolovlev en a finalement tiré profit : alors qu'en 2006, le bénéfice net d'Uralkali était de 3,8 milliards de roubles, il atteignait déjà 8 milliards de roubles en 2007 et 29,4 milliards de roubles en 2008. À l'automne 2007, Uralkali est entrée en Bourse. La société a levé plus d'un milliard de dollars et a assuré la poursuite de la croissance du prix des actions. Cependant, le chemin de fer de la région de Perm, endommagé par l'accident n'a pas été réparé. Le 29 octobre 2008, Igor Setchine, officier du FSB et premier vice-premier ministre de la Fédération de Russie, organise une réunion sur la construction d'un nouveau chemin de fer dans le kraï de Perm. Vladimir Iakounine, officier du FSB et directeur des chemins de fer russes, assiste à la réunion. Setchine, soutenant son collègue du FSB, propose à Rybolovlev de payer pour la construction, mais Rybolovlev refuse. Setchine ordonne alors une nouvelle enquête sur les causes de l'accident à la mine d'Uralkali.

La réouverture de l'enquête pourrait être liée à la tentative de Setchine et du Kremlin de s'emparer d'Uralkali, une industrie stratégique privatisée dans les années 1990, sous le prétexte d'une enquête. Igor Setchine a réussi à prendre Yukos à Mikhaïl Khodorkovski et à ses actionnaires en 2003, l'entreprise de téléphonie mobile Euroset à Evgeni Tchitchvarkine en 2008 et Bashkirneft à Vladimir Ievtouchenkov en 2014. L'épouse de Rybolovlev se souvient que lors d'un de ses voyages en Russie, fin 2008 et début 2009, son mari avait déclaré qu'il ne reviendrait peut-être pas. Il craignait une arrestation ou quelque chose de plus dramatique. Dans tous les cas, il était question d'une éventuelle confiscation de ses biens.

Cependant, toutes ces conséquences sont neutralisées par les partenaires de Rybolovlev, Troutnev (par l'intermédiaire du gouvernement) et Ezoubtchenko (par l'intermédiaire des forces de l'ordre). En janvier 2009, Rostechnadzor annonce qu'Uralkali doit payer une compensation de 88,1 milliards de roubles (2,6 milliards de dollars) à l'État. Dmitri Medvedev, qui a brièvement succédé à Poutine, est alors président de la Russie. Troutnev défend ouvertement Uralkali et il est soutenu par Medvedev, qui est considéré comme le protecteur politique de Troutnev. Après de nombreuses discussions auxquelles Medvedev et Setchine participent directement, Poutine jouant le rôle d'arbitre de facto, il est décidé en mars 2009 qu'Uralkali paierait une amende de 7,8 milliards de roubles (232,8 millions de dollars). On a jugé que l'accident avait été causé par un ensemble de facteurs humains et géologiques[6].

C'est à ce moment que Rybolovlev décide de vendre Uralkali dès que possible et d'émigrer de Russie, Setchine étant devenu son ennemi personnel. Après avoir résolu la question des paiements à l'État en mars 2009, Rybolovlev entame des négociations avec les acheteurs potentiels d'Uralkali : Vladimir Lisine, propriétaire de Novolipetsk Steel ; Vladimir Potanine, propriétaire de Norilsk Nickel, Mikhaïl Prokhorov et Souleïman Kerimov, copropriétaires de Polyus Gold.

Rybolovlev a pris le contrôle total d'Uralkali en 2000, après avoir consolidé plus de 50 % des actions. En mai 2010, lorsqu'il a vendu la société, il détenait environ 65,5 % des actions. Le 14 juin 2010, Rybolovlev a vendu, par l'intermédiaire de sa société Madura Holding Ltd., une participation de 53,2 % dans Uralkali à Souleïman Kerimov (38,2 %) et Alexandre Nesis (15 %) pour un montant de 5,32 milliards de dollars.

Rybolovlev détenait également une participation dans la société de potasse Silvinit, qui a été vendue après qu'Uralkali a annoncé son intention d'acheter la société en décembre 2010. Le 16 juin 2011, Uralkali a fusionné avec Silvinit.

Rybolovlev aurait gagné plus de 6,5 milliards de dollars grâce à ces ventes. Sa fortune totale est alors estimée à environ 9 milliards de dollars. Il est le quatorzième homme le plus riche de Russie. Sa femme estimait cependant qu'un tiers de sa fortune appartenait à Troutnev. On ne peut que supposer que le deuxième tiers du capital appartenait à Ezoubtchenko, mais nous y reviendrons plus loin.

# 2.

# Donald Trump tenu en laisse par le KGB

## L'histoire du général du KGB Oleg Kalougine et un commentaire du lieutenant-colonel du KGB Vladimir Popov

L'année 2000 marque un tournant dans la vie de deux hommes politiques jusqu'alors peu connus : Vladimir Poutine et Donald Trump. Le premier devient président de la Russie après avoir manipulé la constitution et truqué les élections. Le second perd la course à la présidence en tant que candidat du parti réformateur, mais s'impose comme un prétendant à la présidence des États-Unis.

En 1999, le Kremlin devait remplacer le président Boris Eltsine par un candidat approprié. La situation était alors étroitement contrôlée par les services de la Sécurité d'État, et les candidats à la présidence proposés à Eltsine étaient tous issus des services : Evgueni Primakov, ancien directeur du service de Renseignement extérieur (SVR), Sergueï Stepachine, ancien directeur du service fédéral du contre-espionnage (FSK), et, enfin, Vladimir Poutine, directeur du

FSB. Eltsine aurait pu choisir n'importe lequel trois, le pouvoir restait entre les mains du FSB.

Eltsine les a tous trois mis à l'épreuve en les nommant au poste de Premier ministre de la Russie pour les tester. Selon la constitution russe, en cas de décès ou de démission du président, c'est le premier ministre qui prend la place du défunt en tant que président par intérim de la Russie. À cette époque, le président par intérim ne craignait guère de se soumettre à des élections, car on supposait que dans un pays comme la Russie, où il n'y avait eu ni élections libres ni démocratie avant 1991, un président par intérim nommé par le Kremlin ne rencontrerait pas d'opposition sérieuse de la part des dirigeants régionaux du pays et de la population.

Eltsine avait été déçu par Primakov et Stepachine : ils avaient été successivement nommés et démis de leurs fonctions de Premier ministre, la même année, en 1999. Le 9 août 1999, Poutine était nommé à ce poste. Le 31 décembre 1999, Eltsine démissionnait avant la fin de son mandat et Poutine devenait président par intérim. Le 26 mars 2000, après avoir déclenché la deuxième guerre de Tchétchénie, Poutine remportait les élections au premier tour avec 53 % des voix, le minimum requis étant de 50 % plus une voix.

Entre-temps, en janvier 2000, le magnat de l'immobilier new-yorkais Donald Trump annonçait sa candidature à l'investiture du Reform Party pour l'élection présidentielle, devenant ainsi un candidat indépendant qui ne représentait pas les principaux partis politiques américains, républicain et démocrate. Le 14 février, Trump mettait officiellement fin à sa campagne : un sondage comparant Trump au probable candidat républicain George W. Bush et au probable candidat démocrate Al Gore montrait que Trump aurait obtenu 7 % des voix. En août 2001, Trump passait au Parti démocrate, considérant que cela augmenterait ses chances de gagner, mais n'a jamais décidé d'entrer dans la course.

Mais bien qu'il ait perdu l'élection de 2000, il fallait s'interroger sur l'ambitieux play-boy Donald Trump, dont les petites amies étaient des stars du porno et des filles d'agences de mannequins. En outre, Trump était depuis longtemps dans le collimateur des services de sécurité russes, dont le représentant était devenu président de la Russie en 2000, depuis ses premiers voyages en URSS dans les années 1970.

Mon entretien de 70 minutes avec l'ancien général du KGB Oleg Kalougine a eu lieu le 31 mars 2019 à son domicile de Washington. La conversation a été enregistrée sur un dictaphone, ce qui était très atypique pour lui. Pendant tout le temps où il enregistrait, il se méfiait beaucoup de ce dictaphone avec son ampoule allumée, comme s'il y avait un cobra couché sur la table basse devant lui.

J'ai essayé de poser à Kalougine des questions courtes, où l'on doit répondre par oui ou par non, dans l'espoir d'obtenir des réponses simples et évidentes. Je ne peux pas dire que j'ai réussi, et à la fin de l'entretien, j'ai eu l'impression que Kalougine était délibérément évasif dans ses réponses à certaines de mes questions.

– Oleg Danilovitch, vous m'avez promis de me parler de Trump. Vous avez dit que vous saviez et compreniez ce que Trump faisait à Moscou. Aussi, maintenant que l'enquête du procureur spécial Robert Mueller est terminée, j'aimerais savoir ce que vous pensez de Trump.

– Trump a été élu par le peuple américain, alors ici, qu'on le veuille ou non, il faut l'accepter…

– Acceptons-le.

– Quand Obama était là, je l'aimais beaucoup à bien des égards, mais Trump, quand il était encore en Russie, bien avant d'entrer dans l'arène politique, il se comportait, comment dire, d'une manière que le KGB trouvait curieuse. Je ne me souviens pas s'il était marié ou non, mais il se comportait librement.

– S'agit-il de 2013 ou d'une date antérieure ?

– C'était avant, parce qu'en 2013 je m'étais déjà installé en Amérique, et ce que j'ai lu en Russie date d'avant 2000.

– Qu'avez-vous lu ?

– Il y avait des documents. Comme vous le savez, à un moment donné j'ai eu accès à tous les documents dans une organisation bien connue. Avant l'effondrement de l'Union soviétique, je veux dire.

– S'agissait-il de documents internes ?

– Oui, bien sûr. À cette époque, tous les étrangers, surtout ceux qui s'intéressaient particulièrement à la vie domestique russe – les filles et tout le reste – étaient repérés et surveillés avec grand intérêt, comme on dit.

– Commençons par-là, car Poutine s'est exprimé récemment et…

– Oui, mon ancien subordonné.

– Et lorsqu'on lui a posé une question sur Trump, il a répondu : « Qu'est-ce que vous pensez, nous surveillons tous les étrangers ? »

– Pas tous, bien sûr, car ils n'avaient tout simplement pas la force suffisante pour le faire, mais la plupart d'entre eux, surtout ceux des États-Unis et d'Europe. Le KGB était la plus grande organisation au monde en termes de nombre de personnel, de financement et à tous autres égards. Et en ce qui concerne le nombre d'agents étrangers, d'ailleurs, je peux vous donner un chiffre : jusqu'en 1962, je pense que les services de renseignement soviétiques avaient plusieurs centaines d'Américains aux États-Unis travaillant pour eux. Ils ont surtout coopéré pour des raisons idéologiques. [...]

– L'hypothèse selon laquelle Trump était la cible des services spéciaux soviétiques est-elle correcte ?

– Trump est un homme d'affaires, plutôt prospère, mais lorsqu'il était à Moscou, il a rencontré quelques camarades soviétiques, comme on dit, féminins en particulier, et a laissé quelques traces.

– Il était à Moscou dans les années 1970...

– Oui, il connaît Moscou depuis longtemps...

– Et était-il dans le collimateur du KGB ?

– Naturellement...

– Parce qu'il voyait des filles ?

– Oui.

– Comment le savez-vous ?

– Je le sais car j'étais encore au KGB.

– Il s'agit donc d'une sorte de mémo ?

– Oui, parce que j'étais le chef du service de contre-espionnage étranger. Et sa première tâche était d'infiltrer tous les services de renseignement étrangers : renseignement, contre-espionnage, police dans le monde entier. Mais les États-Unis, bien sûr, venaient en premier, l'OTAN, les pays européens en second, et ainsi de suite. La Chine n'était pas encore dans les radars.

– Et vous souvenez-vous de Trump ?

– Oui je me souviens. C'était il y a longtemps et il était déjà remarqué à l'époque.

– S'il s'agit des années 1980, ces informations concernent la période de voyage de Trump...

– C'était quand l'Union soviétique existait... Avant l'effondrement, avant la « catastrophe historique », comme l'a dit Poutine, c'était la plus grande... sur le plan géopolitique.

– Oui, « le plus grand désastre géopolitique du monde ». Faut-il en déduire que Trump aurait pu être recruté dès cette époque ?

– Cela ne signifie pas qu'il ait été recruté. Mais la Sécurité d'État avait certainement un dossier sur lui.

– Et que se passe-t-il généralement dans ces cas-là ?

– On pouvait ne rien faire à ce moment-là, mais plus tard quelqu'un pouvait « s'en souvenir ». La Sécurité d'État a généralement une assez bonne « mémoire ».

– Aurait pu s'en souvenir ou s'en serait nécessairement souvenu ?

– Aurait pu le faire. Pas nécessairement, mais elle aurait pu.

– À quel moment s'en souvient-on ?

– Si, par exemple, il est d'une manière ou d'une autre proche des affaires russes, alors là, certainement. Mais s'il se trouve quelque part au milieu de nulle part…

– Il s'est rapproché des affaires russes. Il a fait des affaires, y compris en Russie…

– C'est pourquoi il a suscité de l'intérêt. Et d'ailleurs, vous savez, il est très ami avec Poutine, et je pense qu'il y a une certaine raison à cela.

– Nous essayons donc de comprendre pourquoi il ressent cela à l'égard de Poutine.

– Je pense que ça tient particulièrement à ce dont je parle.

– Parce qu'il sait qu'il y a des éléments compromettants ?

– Oui, c'est vrai.

– Et sous quel format ces éléments existent-ils ? Une vidéo ? Des témoignages ? Des déclarations de témoins ?

– Je n'en sais rien.

– Selon certaines informations, la première épouse de Donald Trump était dans le collimateur des services de renseignement tchèques.

– C'est tout à fait possible. Mais ce qui était sous le radar de la GB tchèque, était aussi sous le radar de la GB soviétique. Parce que le renseignement tchécoslovaque était l'un des plus proches, contrairement, disons, aux Polonais ou aux Hongrois. […]

– Dites-moi, s'il vous plaît, si l'hypothèse selon laquelle Trump était dans le collimateur des agences de renseignement russes est correcte…

– Comme pour tous les Américains ces années-là, c'était inévitable.

– Si, comme vous le dites, il y avait des éléments sur lui…

– Nous ne pouvons que spéculer à ce sujet.

– Vous venez de dire que vous saviez qu'il avait eu des « flirts ».

– Il y en a eu, oui, comme pour beaucoup d'Américains. J'ai lu les documents d'archives. D'ailleurs, c'était à Léningrad, lorsque j'étais le premier chef adjoint du département de Léningrad du KGB et que j'avais accès à absolument toutes les informations, y compris les différents documents historiques. Et à Léningrad, parce que c'était une capitale aussi importante que Moscou, j'ai lu beaucoup de documents intéressants, notamment sur les États-Unis, bien sûr, et sur la Grande-Bretagne.

– Vous souvenez-vous de ce qui y était décrit ?

– Je ne m'en souviens pas, quelques rencontres avec des filles… C'était typique des Américains…

– Ces filles ont-elles été choisies au hasard ou ont-elles été sélectionnées ?

– Il pouvait y avoir des occasionnelles, mais parmi ces filles « occasionnelles » qui travaillaient, c'est-à-dire qui couchaient avec des étrangers, la grande majorité était sous le contrôle du KGB. Il y avait des volontaires, bien sûr… Mais tôt ou tard, elles devenaient des informatrices. Soit on les punissait pour prostitution, soit on leur disait : soyez des informatrices.

– Nous ne devrions donc pas supposer que l'amour est pur ?

– Je ne pense pas qu'il faille le faire. Je veux dire que tout arrive dans le monde. [...]

– Et les agences de mannequins, d'où venaient beaucoup de ces filles, étaient-elles elles-mêmes dans le collimateur des services spéciaux ?

– Oui, c'est la Sécurité intérieure. Vous savez, à cette époque, elle contrôlait tout, sauf l'appareil du Parti. C'est la seule chose que vous ne pouviez pas faire.

– Je pose la question parce que deux des épouses de Trump sont, par coïncidence, issues d'agences de mannequins.

– Oui. Et, comme on dit, d'origine slave.

– Peut-on supposer qu'elles ont été recrutées avant même d'avoir rencontré Trump ?

– Vous ne pouvez pas l'exclure. Je ne sais pas, mais nous ne pouvons pas l'exclure.

– Et cet homme, qui a été compromis, qui est connu pour avoir été en Russie, qui a fréquenté des jeunes filles, devient candidat à la présidence pour le Parti républicain. Que pensez-vous qu'il a dû se passer à ce moment-là à Moscou, à la Loubianka ?

– Moscou n'était pas contre... Ils ne voulaient pas d'Hillary, c'est certain. Mais son adversaire, un républicain à la présidence, c'était tout à fait convenable. [...]

– Nous avons été un peu surpris l'autre jour, en tout cas moi, par les conclusions de l'enquête Mueller qui n'a trouvé aucune collusion entre la campagne de Trump et le gouvernement russe. Qu'en pensez-vous ?

– Ils n'avaient pas nécessairement besoin de trouver quelque chose.

– Que cherchaient-ils et que pouvaient-ils trouver ?

– Peut-être des documents. Après tout, il y a eu plusieurs transfuges de l'Union soviétique et des personnes qui sont parties avec des documents. Comme Litvinenko. D'ailleurs, lorsqu'il vivait à Londres et qu'il a commencé à parler de Poutine – il connaissait Poutine – je l'ai appelé et je lui ai dit : « Sacha, tu ne devrais pas donner ce genre d'information à la presse, tu pourrais avoir des ennuis. » Six mois plus tard, il n'était plus là. C'est un fait, hélas. Il parlait simplement de quelque chose dont il n'aurait pas dû parler, et il a reçu du polonium. Il n'était pas le seul, mais comme il vivait à Londres, l'histoire a fait grand bruit… […].

– Evgueni Nikolaïevitch Makeïev a travaillé à New York de 1971 à 1980 à un poste assez élevé. Je sais que c'est une période atypique, neuf ans.

– Oui, c'est atypique pour le ministère des Affaires étrangères.

– C'est vrai. À un moment donné, il était presque secrétaire général adjoint de l'ONU. Mais ma question la suivante : je sais que les diplomates vivaient dans un complexe spécial pour les diplomates.

– Oui.

– Mais lui vivait dans un gratte-ciel séparé, plutôt à la mode…

– Oui, c'est aussi révélateur.

– Ce gratte-ciel est proche de la Mission, à environ deux pâtés de maisons. Et Trump a vécu dans le même immeuble pendant les mêmes années.

– J'ai lu cela quelque part.

– Est-ce une coïncidence ?

– Je ne sais pas exactement. C'est peut-être une coïncidence. [...]

– Ou bien cela pourrait remonter aux années 1970, bien que Trump soit encore...

– Il ne représentait aucune force politique...

– Et pourtant, on le surveillait déjà ?

– C'est tout à fait possible. Moi-même, d'ailleurs, quand je travaillais, je recrutais des Américains qui n'avaient accès à rien à l'époque, mais qui, avec le temps, pouvaient l'obtenir [...].

– Si, par exemple, il y a des éléments compromettants sur Trump...

– Oui, c'est tout à fait possible.

– De quoi un tel homme a-t-il peur ? De quoi Trump a-t-il peur ? A-t-il peur de la publication d'informations selon lesquelles il a emmené des filles dans des hôtels dans les années 1970 ?

– Toute personne sensée qui se soucie de sa carrière et de sa vie familiale personnelle ne souhaite pas ce genre de publicité, où que ce soit et à n'importe quel moment.

– Et c'est suffisant pour montrer son affection et son respect pour Poutine d'une manière aussi marquée ?

– Je pense que c'est l'une des raisons de son amabilité particulière envers certains dirigeants russes.

– Pensez-vous qu'il s'agit d'une raison suffisante ou qu'il y a peut-être autre chose ?

– Il y a peut-être aussi autre chose. Mais c'est l'une des principales raisons. [...]

– Qu'est-ce qu'un ressortissant étranger recruté ? Quelle est la différence entre un étranger recruté et un étranger non recruté ?

– Un étranger recruté est celui qui exécute les instructions ou les demandes de l'agent qui l'a recruté.

– Comment se déroule le processus de recrutement ? S'agit-il d'un processus formel ? S'agit-il d'un document signé ? S'agit-il d'une parole d'honneur ?

– Il peut s'agir d'un morceau de papier, mais ce n'est pas obligatoire. Parfois, vous devez le faire. Par exemple, j'ai recruté plusieurs Américains. Je n'ai jamais exigé d'eux qu'ils fassent une déclaration formelle contenant la formule : « Je travaillerai pour vous. » [...]

– S'il y a une mission de recrutement, comment ce recrutement s'effectue-t-il ? Quelqu'un vient-il le voir pour le recruter ?

– Il s'agit généralement de personnes qui ont l'occasion de le rencontrer de manière non officielle, dans un cadre privé. Elles trouvent des moyens de le faire. Dans un cadre privé, elles peuvent dire quelque chose ou vous rappeler quelque chose.

– Comment lui rappelle-t-on : « M. Trump, nous avons des données compromettantes » ?

– Non, vous ne pouvez pas dire cela, c'est trop grossier... Vous devez dire : « Nous ne vous avons pas parlé depuis si longtemps, on se souvient bien de vous ». En général, il faut laisser entendre qu'on a des documents, la personne le comprend. Essayer directement de faire chanter une personne, je ne l'ai jamais fait.

– À ce stade, Trump n'est qu'un homme riche. Qu'est-ce qui est intéressant chez lui ?

– Un homme riche... J'avais une connaissance qui est devenue un ami ; il est mort il y a une semaine à l'âge de 98 ans. J'ai une photo de lui avec l'ancien directeur de la CIA, Colby. C'était un milliardaire. Il m'a dit un jour : « Oleg, je ferai tout ce que tu veux que je fasse pour toi. » Il n'avait pas besoin d'argent, juste de sympathie.

– Par amitié ?

– Oui, des relations purement amicales. Par exemple, un de mes camarades du FBI, qui était responsable des affaires soviétiques, m'a dit (je peux vous le dire maintenant, je ne suis pas sûr de l'avoir dit publiquement) : « Oleg, si je t'avais connu avant, j'aurais travaillé pour toi ». Je me suis rendu à ses funérailles...

– Voulait-il dire qu'il serait devenu un espion soviétique ?

– Je pense que oui. Par pure sympathie. Quant au chantage, je n'ai personnellement jamais fait chanter personne.

– D'accord, disons que personne n'a fait chanter Trump.

– Ils auraient pu… Mais dans cette situation, c'est peu probable… Ils auraient pu simplement se souvenir. Cela suscite immédiatement la méfiance et l'envie de résoudre le problème d'une manière pacifique, sans attendre le scandale.

– Mais qu'est-ce qu'on peut bien lui vouloir ? C'est juste un homme riche dans ces années-là. Il est dans l'immobilier.

– Un homme riche peut réaliser un investissement dans l'économie russe ou soviétique, non pas directement, mais par l'intermédiaire d'une sous-organisation que le KGB peut créer artificiellement, ou d'une organisation de ce type déjà existante.

– C'est donc de lui qu'ils veulent obtenir de l'argent ou essayent-ils de le payer ?

– Payez-le s'il le faut. Mais ce dont vous avez surtout besoin, c'est d'informations, pas d'argent. La Russie a toujours eu de l'argent.

– Et quel type d'informations l'homme d'affaires Trump peut-il fournir ?

– Il avait accès à certains fonctionnaires. Il avait peut-être une meilleure idée de la situation économique réelle du pays que d'autres.

– Il aurait donc pu être une source d'information ?

– Oui, une source d'information.

– Il n'est pas nécessaire que ce soit un secret ?

– Non. J'ai connu un docteur en sciences politiques. Il avait environ 15 ans de plus que moi. C'était un homme solitaire : il n'avait ni femme, ni amis. Lorsque j'ai fait sa connaissance par hasard, j'ai senti qu'il était très compétent et qu'il savait beaucoup de choses. J'ai décidé de me lier d'amitié avec lui et de résoudre ses problèmes. Nous nous sommes rencontrés plusieurs fois, il m'a dit : « Oleg, écoute, tu es une véritable découverte dans ma vie. Je ferai tout ce que tu veux pour toi. » Je lui ai répondu : « Envoie-moi une analyse de la situation. Je t'en serai très reconnaissant, car je serai apprécié à Moscou et tu seras content. » Il m'a répondu : « Oleg, je le ferai pour toi. »

– Et qu'est-ce que c'était ?

– Il s'agissait d'une analyse basée sur sa connaissance du sujet.

– A-t-on indiqué que cette analyse avait été réalisée par untel ou untel ?

– Non, ce n'est jamais écrit, jamais signé.

– Il s'agissait donc d'un document anonyme ?

– C'est exact. J'ai alors eu la confirmation qu'il coopérait.

– Peut-on supposer, par exemple, que si l'on attendait de Trump qu'il donne des informations, on lui a également demandé d'écrire ?

– Peut-être, mais pas nécessairement. Il aurait pu remettre des documents.

– Si une personne comme Trump rapporte des informations, existe-t-il également une personne du KGB aux États-Unis avec laquelle il communique en permanence et qui est maintenue en Amérique pour cette raison ?

– Oui, c'est possible, oui, bien sûr.

– Est-il possible que Makeïev ait été maintenu en Amérique parce que Trump vivait dans le même immeuble que lui ?

– On ne peut pas l'exclure, mais on ne peut pas non plus le dire. On ne peut pas l'exclure parce que le renseignement est une affaire tellement compliquée. Il y a toutes sortes de nuances.

– Si vous recrutez des personnes en Amérique, communiquent-elles uniquement avec vous ou les transmettez-vous à quelqu'un d'autre ?

– Ils ne communiquent avec moi qu'à un moment donné, puis quand je pars, quand c'est complètement fini ou si je pars en vacances pendant un mois et demi...

– En vacances pendant un mois et demi, ils attendent ?

– Nous avions un homme qui travaillait pour l'Agence nationale de sécurité à un moment donné. J'étais résident adjoint à Washington, résident intérimaire à l'époque. L'homme travaillait quoi qu'il arrive. Tout d'abord, il y a une forme de communication qui s'appelle les cachettes. Je suis très doué pour ça. Je n'ai rencontré cet homme qu'une seule fois dans ma vie, mais j'ai obtenu de lui des documents très précieux lorsque je travaillais ici. Il les laissait dans le parc, derrière le rocher. Il m'avait fait un dessin de l'endroit. J'ai fait du repérage, j'ai vérifié. Ensuite, je mettais de l'argent sous le rocher, mille dollars ou quelque chose comme ça, selon la situation.

– Ainsi, si une personne est recrutée, elle est dirigée par une seule personne ?

– Oui. D'ailleurs, dans ce sens, la Sécurité d'État a toujours eu une discipline très stricte en matière de conservation des sources d'information.

– Et combien d'années une telle personne peut-t-elle diriger une source et rester en Amérique pour le faire ?

– Je vous ai parlé de celui dont je me suis occupé pendant plusieurs années et qui a été trahi par l'un de nos transfuges. Il ne connaissait ni son nom ni son prénom, mais il a transmis le contenu des informations qu'il nous donnait et ils l'ont trouvé ; ils ont commencé à le contrôler : il avait beaucoup d'argent, il voyageait dans le monde entier. Il s'est ensuite rendu à Moscou. Il a été immédiatement emprisonné parce que Krioutchkov pensait qu'il s'agissait d'un agent double. Le destin des gens dans le domaine du renseignement est donc très incertain. J'ai eu la chance qu'Andropov me croie, sinon Krioutchkov m'aurait mis en prison ou j'aurais eu un accident de voiture, comme cela s'est déjà produit. Telle était la situation.

– Et quelle est votre impression de Trump aujourd'hui, après ces deux années ?

– Il essaie, c'est évident, de trouver un terrain d'entente avec Poutine. C'est clair.

– Avez-vous des explications à donner à ce sujet ?

– J'ai l'une des options que j'ai mentionnées : quand il était à Moscou, il a pu laisser une trace, et ils en ont profité. Parce que son amabilité envers les dirigeants russes actuels est quelque peu inhabituelle, je dirais même, pour un dirigeant américain, un peu trop cordialement chaleureuse.

– D'accord, nous pouvons supposer, et, cette hypothèse a été émise à plusieurs reprises, qu'il y a des éléments compromettants sur Trump.

– Le fait qu'il y avait des dossiers compromettants sur lui, je le sais pour sûr. Mais s'ils ont été utilisés, je ne sais pas.

– Y a-t-il quelque chose dans les actions de Trump qui indique non seulement une compromission, mais aussi un recrutement ?

– Son attitude amicale à l'égard des dirigeants russes actuels soulève certainement des questions.

– Selon vous, qui avez travaillé toute votre vie au KGB, ce comportement est-il celui de quelqu'un qui sait qu'il y a des éléments compromettants sur lui s'agissant des filles avec lesquelles il a couché, ou celui de quelqu'un qui est un agent recruté ?

– Il pourrait s'agir des deux. Il n'a peut-être pas été recruté, il a juste peur. Et cela est utilisé comme un moyen de pression. S'il y a eu une tentative de recrutement, c'était il y a longtemps. Il devait y avoir une raison à cela à l'époque.

– Pour le recrutement ?

– Pour l'approcher avec des offres de recrutement. Il y a aussi un mot simple : le chantage. Mais j'ai déjà dit que, par exemple, le chantage ne marcherait jamais sur moi, mais cela dépend du caractère et de la formation.

– Les personnes qui détiennent des informations sur « Trump à Moscou » sont de quel niveau ?

– Il s'agit de personnes de très haut niveau. Parce que c'était il y a longtemps, et que ces documents se trouvent dans des archives spéciales qui ne sont pas accessibles à toute personne qui veut savoir quelque chose. [...]

– Il y a eu plusieurs tentatives, l'une par l'intermédiaire du général Michael Flynn et de Jared Kushner lorsqu'ils ont parlé à Sergueï Kisliak à l'ambassade de Russie, puis plus tard, lorsque Trump est devenu président, plusieurs tentatives explicites de Trump lui-même pour parler à Poutine en tête-à-tête, qu'est-ce que cela signifie pour vous ? C'est en Finlande qu'une telle tentative a eu lieu pour la première fois, puis au Vietnam…

– Oui, puis c'est passé.

– De quoi peut-il parler à Poutine en tête-à-tête ?

– Il cherche à établir une relation afin de s'extraire de la position de victime potentielle d'une sorte de chantage. […] « Nous nous comporterons en camarades, avec toutes les différences de systèmes et points de vue, mais nous resterons des amis loyaux sur le plan personnel ». Et dans ce cas, Poutine s'est très bien comporté.

– Vous pensez donc que les tentatives d'entretien en tête-à-tête peuvent être liées à l'existence d'informations compromettantes sur Trump ?

– Pas nécessairement. Il peut y avoir d'autres raisons : apprendre à connaître la personne de manière réelle, et non pas à travers ce qu'on vous a rapporté.

– Mais pour cela, il peut rencontrer Poutine en présence d'un interprète américain et du secrétaire d'État.

– Oui, je comprends. De toute évidence, il a une raison pour cela. Mais nous ne pouvons faire que des suppositions.

– Que sommes-nous censés supposer ?

– Supposer que ça a à voir avec son séjour à Moscou. Je le pense personnellement. Mais c'est mon opinion.

– C'est vrai. Cela fait maintenant deux ans que l'on s'intéresse à Trump. Votre avis : est-il un agent ou non ?

– Je ne sais pas, je ne peux pas le dire. Mais le fait qu'il ait laissé une trace dans les documents du KGB de l'époque, ça c'est sûr. Je n'ai aucun doute là-dessus.

– Vous souvenez-vous de ce que c'était ? S'agit-il d'une note d'une page ou d'un gros volume ?

– En URSS, nous avions la 7^e^ direction du KGB. C'est elle qui effectuait la surveillance physique, puis rédigeait des rapports sur les personnes avec lesquelles vous communiquiez, sur les endroits où vous vous rendiez. Ensuite, les agents opérationnels analysaient, en tenant compte des documents disponibles, ce que cela pouvait signifier, s'il s'agissait d'un accident ou si cela a un sens. Le fait que des centaines, voire des milliers, d'Américains utilisaient les services de filles russes, de filles de la rue, était connu. Et, bien sûr, les services soviétiques et les services russes, qui connaissent bien cette situation, pouvaient utiliser ces filles de manière ciblée pour leur faire gagner de l'argent, comme elles le font normalement, mais aussi pour autre chose. En plus, elles ne se feraient pas arrêter pour prostitution dans la rue.

– Des journalistes américains vous ont-ils appelé pour vous poser des questions sur Trump ?

– Nous avons l'habitude d'échanger, mais en général, j'évite. Là, c'est moi qui te parle, Yuri. Sinon, non, je suis plus prudent avec les Américains. Je veux dire prudent dans le sens de la retenue. […] Parfois, ils ont essayé, mais j'ai trouvé le moyen de m'en sortir. C'est comme ça que je vous parle, c'est la vie. Que diriez-vous d'un verre ?

C'est ainsi que s'est terminée ma conversation avec Oleg Kalougine. Je ne peux pas dire que j'ai été satisfait de ce que j'ai entendu. J'ai trouvé les réponses de Kalougine évasives et même contradictoires. Ses nombreux « on ne peut pas l'exclure, mais on ne peut pas non plus l'affirmer » m'ont semblé être davantage une dérobade qu'une réponse directe. La référence à Litvinenko, qui a été tué parce qu'il « a parlé de quelque chose dont il n'aurait pas dû parler et a reçu du polonium », ne m'a pas semblé accidentelle. Il semble que Kalougine se soit constamment autocensuré, évaluant ce qu'il était ou non autorisé à dire sur Trump.

C'est alors que j'ai demandé l'aide de mon co-auteur sur les livres *Le KGB joue aux échecs*, *La Corporation* et *De la terreur rouge à l'État terroriste*, Vladimir Popov, ancien lieutenant-colonel du KGB vivant au Canada. Pendant les années qu'il a passées au sein de la 5$^{e}$ direction du KGB, sa spécialité était, entre autres, de recruter des agents parmi les athlètes et les créateurs : écrivains, journalistes et acteurs. J'ai demandé à Popov de faire une évaluation experte des informations reçues de son ancien collègue. Ce commentaire a clarifié beaucoup de choses dans l'histoire de Kalougine jusqu'à constituer une sorte de postface à notre entretien. Voici ce qu'il me dit.

« C'est une question difficile que vous m'avez posée. Difficile, parce que ce sujet, si vous voulez, est un cours sur le fonctionnement des services de renseignement de n'importe quel pays. Cela peut vous surprendre, mais je n'ai pas trouvé Kalougine contradictoire dans l'interview. Au contraire, il est apparu comme un membre typique des services de renseignement, avec une longue expérience dans ce domaine. Pour ce type de personnes, il est parfois plus important de se taire ou de parler indirectement afin, comme on le disait au KGB, de ne pas être pris par la langue. C'est en raison de cette expérience qu'il vous a répondu en langue d'Ésope. Ce n'est pas par hasard (en règle générale, le plus important est souvent dit à la fin d'une conversation ou d'une lettre) qu'il vous a souligné qu'avec les Américains, il était encore plus retenu. Je suis sûr qu'il disait la vérité.

Un petit mot sur la façon dont les agences de renseignement recrutent, puis sur la question de Trump qui vous préoccupe.

Aucun recrutement ne ressemble à un autre. Il y a toujours des motivations différentes pour accepter de travailler pour un service de renseignement, en particulier pour le service de renseignement d'un autre pays. Le contact psychologique entre un agent de renseignement et une recrue potentielle est très important, qu'il s'agisse de citoyens d'un même pays ou de pays différents.

Le fait que la personne recrutée donne ou non une signature (terminologie du KGB) de coopération pendant l'acte de recrutement dépend des circonstances qui ont précédé le recrutement. En règle générale, une confirmation écrite du consentement était exigée lors du recrutement sur la base de documents compromettants. Il s'agissait d'une sorte de réserve, en cas de refus de coopérer à l'avenir, d'un autre élément de chantage impliquant une éventuelle compromission.

À propos de Trump. Tout étranger non ordinaire entrant sur le territoire de l'URSS et de la Russie actuelle a été et est encore sous la surveillance des Services de sécurité. La surveillance commence dès la demande de visa auprès du service consulaire de l'ambassade. C'est pourquoi les postes de vice-consuls, et souvent de consuls, sont occupés par des officiers de renseignement. À partir du moment où un ressortissant étranger demande un visa, une première vérification est effectuée auprès de la résidence des Services de renseignement compétente, suivie d'une demande, au siège, de documents sur la personne et d'une recommandation pour la mettre sous surveillance si elle est connue pour occuper une certaine position dans la société (homme politique, homme d'affaires, journaliste, etc.).

Dans le cas de Trump, je peux personnellement affirmer avec une certitude absolue que lors de ses visites en URSS puis en Russie, il a été intensivement surveillé par les services de renseignement de ce pays. Cette surveillance n'a pas été réalisée en premier lieu dans la perspective d'un recrutement. Pour les services spéciaux, il est important de connaître le profil psychologique d'une personne, son orientation politique, son attitude à l'égard de son pays et du pays dans lequel elle est venue. Après avoir accumulé du matériel opérationnel détaillé (et il s'agit de tout un ensemble de mesures : surveillance, surveillance audio et vidéo des lieux de résidence, étude des agents, y compris les "pièges à miel"), il est décidé, sur la base de son analyse, soit de transférer l'étude vers le recrutement en créant les conditions nécessaires (peut-être par le biais d'une compromission ou par celui d'un consentement volontaire), soit d'endoctriner l'étranger en lui donnant une image favorable du pays dans lequel il se trouve.

Il est fort probable que Trump ait été recruté en URSS ou en Russie, puisqu'il s'est comporté de manière imprudente lors de ses visites. Toutefois, une réponse définitive à cette question ne pourra être obtenue qu'en ayant accès au dossier que les services de renseignement russes détiennent sans doute sur lui.

Le désir de se retrouver seul avec Poutine peut s'expliquer par la volonté de Trump de dire à son homologue que sa position anti-russe est une condition de sa survie en tant que président des États-Unis.

Encore une fois, sur le recrutement, le simple fait qu'un ressortissant étranger se rende compte qu'il est en contact avec un agent de renseignement d'un autre pays et lui communique des informations, même verbalement, est déjà considéré comme un acte de recrutement. Un tel scénario par rapport à Trump semble tout à fait admissible. »

## 3.

# « Champ de miracles au pays des sots »

### L'histoire d'une photographie

Mikhaïl Babel n'a jamais eu l'intention de devenir célèbre. Il voulait seulement devenir riche. Les autres participants à la photo de groupe, prise sous la pluie à Moscou en 2007, ne pensaient guère qu'à l'argent à ce moment-là. Les personnes qui y figurent sont aujourd'hui connues dans le monde entier.

Ou plutôt, disons que tous sauf un deviendront célèbres. Et c'est lui qui est le plus important sur la photo. Donc, de gauche à droite : Elena Baronova (après avoir émigré aux États-Unis, Elena a modifié son nom de famille pour Baronoff), courtier immobilier de Trump en Floride ; Ivanka Trump, la fille de Donald Trump ; Michael Dezer à la tête de Dezer Development, le principal et unique promoteur de Trump en Floride ; Michael Babel, voir ci-dessous ; les fils de Donald Trump, Donald Jr. et Eric. Au sein de la Trump Organization, Donald Jr. était chargé des projets de construction. Jared Kushner, qui épousera Ivanka Trump le 25 octobre 2009, ne faisait pas partie de la famille Trump au moment où cette photo a été prise.

En cas de mauvais temps, les Américains sont poussés à Moscou par leur soif de profit, c'est-à-dire d'affaires. Trump était fréquemment invité à Moscou. Il aimait visiter la capitale soviétique. Il a qualifié son voyage de juillet 1987 d'expérience extraordinaire, précisant qu'il avait séjourné dans « la chambre de Lénine » de l'Hôtel National[1] (bien des années plus tard, en 2013, il séjournera au Ritz-Carlton dans la « suite Obama »).

En 1987, Trump négocie avec le Comité d'État du tourisme de l'URSS la construction d'un hôtel de luxe dans le centre de Moscou. Les médias soviétiques affirment même que Trump aurait accepté d'entreprendre la reconstruction de l'hôtel Moskva de Moscou. Cependant, ces projets ne se réaliseront pas. En décembre 1996, le gouvernement de

Moscou négocie avec Trump la reconstruction des hôtels Moskva et Rossiya. Le coût de ces projets est estimé à 300 millions de dollars à l'époque, mais les négociations sont interrompues.

Les médias russes rapportent qu'en 1998 Trump était prêt à investir 200 millions de dollars dans la reconstruction de l'hôtel Moskva, mais qu'il réclamait en échange une participation de 65 % dans l'hôtel. En outre, Trump envisageait de construire un gratte-ciel à Moscou. Là non plus, Trump n'a pas eu de chance. L'adjoint au maire de Moscou, Vladimir Resine, lui a refusé le permis de construire : « Nous ne construirons pas de gratte-ciel dans la partie historique de la ville. Nous ne pouvons pas transformer une zone historique en Manhattan », en référence au projet de construction d'un immeuble de 51 à 58 étages sur Novy Arbat.

En 2004, les négociations reprennent, mais au lieu de construire et de rénover, Trump discute désormais de « franchising », c'est-à-dire de la vente exclusive de son nom. À l'époque, c'est le copropriétaire de MosCityGroup, Pavel Fouks, qui voulait la marque Trump. « J'ai eu l'idée d'appeler Trump Tower l'une des tours en construction dans la ville de Moscou – Imperia Tower – mais nous ne sommes pas parvenus à un accord mutuellement bénéfique. », a déclaré Pavel Fouks à *Kommersant*[2].

Le fait est que Trump n'a pas l'intention d'investir de l'argent en Russie, argent qu'il n'a pas, mais qu'il veut recevoir 20 à 25 % de la valeur du projet pour sa marque Trump. Le montant de l'investissement dans l'Imperia Tower était estimé à 1,2 milliard de dollars. Il s'est avéré que Fouks devait payer à Trump 240 à 300 millions de dollars pour le « franchising ». Fouks a estimé que le prix était trop élevé.

La situation financière de Trump durant cette période est désastreuse. En 2004, il déclare la faillite de ses hôtels et casinos (Trump Hotels & Casino Resorts), dont trois casinos à Atlantic City et un dans l'Indiana. En 2006, Trump hypothèque le Trump SoHo Luxury Hotel. Cela a conduit à une action en justice contre Trump devant la Cour fédérale des États-Unis.

En effet, l'argent nécessaire à la construction initiale de l'hôtel semblait provenir d'une société suspecte dont le siège se trouvait en Islande. L'action en justice alléguait que l'argent de la société de construction de Trump était principalement d'origine russe[3].

En novembre 2007, Trump arrive à Moscou en tant qu'invité à la Foire des millionnaires, qui s'est ouverte le 22 novembre au Crocus Expo. À cette occasion, il fait la promotion de la vodka Trump, dont la bouteille coûte entre 40 et 50 dollars. Elle est produite par Drinks Americas Holdings, une société américaine. Mais sa vodka échoue Russie et cesse d'être produite en 2009. Stanislav Kaufman, directeur général de la marque Vinexima (producteur de la vodka Putinka) a précisé que « le nom de Donald Trump n'est en aucun cas associé à la vodka, il s'agit d'un produit d'image typique basé sur la célébrité de l'homme d'affaires aux États-Unis. En Russie, cependant, la consommation de vodka n'est pas basée sur l'image ou le statut, mais sur toute une philosophie que le producteur américain ne comprendra jamais[4]. »

À la Foire des millionnaires de Moscou, Trump rencontre un autre « Américain russe utile », Sergueï Koukouts, plus connu sous le nom de Sergueï Millian, originaire de Biélorussie[5]. Trump l'invite immédiatement à une course de chevaux à Miami[6]. Millian est diplômé de l'université linguistique d'État de Minsk depuis 2000. Il n'a pas précisé quand il est arrivé aux États-Unis ni s'il a obtenu la nationalité américaine. En 2006, à Atlanta, il fonde la Chambre de commerce russo-américaine et une agence de traduction avant de devenir courtier et de travailler dans l'immobilier résidentiel et commercial aux États-Unis et à l'étranger.

Millian plaide en faveur de liens commerciaux étroits entre la Russie et les États-Unis et aide des entreprises américaines désireuses de faire des affaires en Russie. En 2009, son groupe demande au Congrès américain de « soutenir les changements politiques nécessaires pour améliorer l'environnement économique » et d'accorder à la Russie le statut de PNTR (Permanent Trade Relations). Le site web de l'organisation indique qu'elle facilite la coopération américaine avec le gouvernement russe, les autorités régionales russes, les consulats russes, la Chambre de commerce russe et les dirigeants d'entreprises de la CEI.

Millian aide Trump à « étudier le marché moscovite » en vue de potentiels investissements immobiliers. « Plus tard, nous nous sommes rencontrés dans son bureau à New York, où il m'a présenté à son bras droit, Michael Cohen. Tous les contacts passaient par lui. Par la suite, ils ont signé un contrat avec moi pour promouvoir l'un de leurs projets en

Russie et dans la CEI. On peut dire que je suis devenu leur courtier exclusif. »

Millian travaille avec des investisseurs russes intéressés par l'achat de biens immobiliers aux États-Unis. « Nous avons officiellement signé des accords avec Richard Bowers & Co, la Trump Organization et le Real Estate Group, qui ensemble devaient fournir des services immobiliers commerciaux, industriels et résidentiels aux clients russes. D'une manière générale, Trump avait une attitude très positive à l'égard des Russes, qu'il considérait comme ses clients. Nombre de ses projets impliquaient des personnes de la diaspora russophone. Par exemple, dans le projet Trump SoHo à New York, Tamir Sapir (millionnaire, promoteur, originaire de Géorgie ; décédé en 2014) était impliqué. » La dernière conversation entre Millian et Trump remonte à 2008, mais Millian a été l'une des sources d'information à l'origine du « dossier Trump », qui a donné lieu à une enquête sur les soupçons de liens entre Trump et la Russie et sur les éléments compromettants pour Trump en possession du Kremlin et du FSB[7].

En 2007-2008, une autre personne à la biographie compliquée et ambiguë négocie avec Trump : Chalva Tchigirinski, propriétaire de Russian Land Ltd. Cet homme d'affaires d'origine géorgienne était l'un des hommes les plus riches de Russie. En 1995, il est apparu pour la première fois sur la liste des Russes les plus riches établie par l'Institut d'études réformatrices et s'est classé au 15e rang. Selon Forbes, la fortune de Tchigirinski était estimée à 1,6 milliard de dollars en 2007. En 2008, Forbes l'a placé à la 524e place du classement mondial des hommes d'affaires les plus riches, avec une fortune de 2,3 milliards de dollars.

Chalva Pavlovitch Tchigirinski est né le 1er juillet 1949 à Koutaïssi. Il est diplômé de l'institut médical Ivan Setchenov de Moscou. Après avoir obtenu son diplôme, il a travaillé dans le domaine des antiquités. En 1987, il s'installe en Espagne, puis en République fédérale d'Allemagne, où il vit pendant deux ans et demi et exerce des activités immobilières. En 1989, avec l'entrepreneur allemand Karl-Heinz Stock il crée la société de développement ST Group. En 1997, il en devient président du conseil d'administration. L'entreprise se consacre à la construction de biens immobiliers à Moscou. En décembre 2004, ST Development, une société détenue par Tchigirinski, remporte un appel d'offres visant à sélectionner un promoteur-investisseur pour la démolition de l'hôtel Rossiya et le développement du quartier Zariadié de Moscou. En 2007, Tchigirinski transfère tous les projets de développement à Russian Land Ltd.

Parallèlement à son activité de promoteur immobilier dans les années 1990, Tchigirinski s'est lancé dans le secteur pétrolier. En 1996, en collaboration avec British Petroleum, il crée Petrolcomplex pour développer un réseau de stations-services à Moscou sous la marque BP. En 1999, il devient directeur de la société britannique Sibir Energy, qui réalise des projets dans le secteur de la fourniture de produits pétroliers. En 2000, il crée la Moscow Oil Company (MOC) et en devient le président la même année. En janvier 2001, il devient président de la Central Fuel Company, qui possède la Moscow Oil Refinery (MNPZ). En 2003, il devient

P.-D.G. et, en 2004, président de la Moscow Oil and Gas Company (MNGK). Le maire de Moscou, Iouri Loujkov, est président du conseil d'administration de cette société.

Tchigirinski possède, notamment, une villa sur la Côte d'Azur (ancienne propriété du dictateur du Zaïre Mobutu), la Hugh House à Londres, la villa Maria Irina en France, l'hôtel Sovetski sur l'avenue Léningrad à Moscou, des appartements sur la rue Romanov et sur la ruelle du Patriarche à Moscou ainsi qu'une collection de cinquante montres Fabergé.

À l'époque où il a rencontré Trump, les projets de développement de Russian Land Ltd. étaient en cours. Ils comprenaient la démolition ou la reconstruction de l'hôtel Rossiya, le développement de Zariadié, la construction de la tour Rossiya dans la ville de Moscou, la construction du centre culturel et commercial Crystal Island dans la plaine inondable de Nagatinskaïa, et bien d'autres choses encore. Tchigirinski lui-même définit le développement de la plaine de Nagatinskaïa comme l'œuvre de sa vie, au même titre que la construction de gratte-ciel dans la ville de Moscou et le développement de Zariadié.

Cependant, les négociations de Tchigirinski avec Trump n'aboutissent pas. En 2008, dans le contexte de la crise mondiale de l'immobilier, les activités de développement de Tchigirinski subissent un certain nombre de revers. Il perd ses plus grands projets à Moscou : il cesse d'être un investisseur dans la construction de la tour Rossiya et se retire du projet Crystal Island. En novembre 2008, l'ambitieux projet de construction d'un gratte-ciel de 118 étages, 612 mètres de haut, capable d'accueillir environ 25 000 personnes, le plus haut d'Europe, lancé par Tchigirinski en septembre 2007, est suspendu. Il avait été estimé à 2 milliards de dollars.

Début avril 2009, Sibir Energy annonce qu'elle a déposé une plainte auprès de la Haute Cour britannique afin de récupérer 325 millions de dollars auprès de Tchigirinski. En juillet 2009, Tchigirinski se retrouve au centre d'un nouveau litige. Après l'expiration du prêt de 3 milliards de roubles accordé par la Vnechtorgbank à Russian Land et garanti par Tchigirinski lui-même, la Haute Cour du Royaume-Uni impose une saisie sur les projets de développement de Tchigirinski, sur ses biens immobiliers et même sur sa collection personnelle de montres anciennes. Le même mois, la Direction principale d'enquêtes du Département des affaires intérieures de Moscou soupçonne MNC et MNGK de ne pas avoir payé plus de 600 millions de roubles d'impôts pendant la période où les sociétés étaient dirigées par Tchigirinski. En août 2010, Tchigirinski perd le dernier de ses grands projets de développement en Russie : l'hôtel Sovetski sur l'avenue Léningrad à Moscou. Deux procédures pénales sont engagées contre Tchigirinski pour fraude fiscale. À cette époque, les créanciers ont également commencé à s'intéresser à ses biens à l'étranger. En particulier, dans le cadre d'un procès de plusieurs millions de dollars intenté contre lui. Il perd la villa Marina Irina au Cap Martin et la propriété Hugh House dans le quartier huppé de Belgravia à Londres. En 2009, sa fortune est estimée à 600 millions de dollars. Le nombre de procès contre Tchigirinski, ainsi que de procès initiés par Tchigirinski lui-même, dans différents pays, est incalculable.

En mars 2009, en raison des nuages qui s'amoncellent au-dessus de lui, Tchigirinski est contraint de fuir la Russie, d'abord pour l'Angleterre, où il demande l'asile politique, puis pour Israël, où il obtient la citoyenneté et enfin pour les États-Unis, où il s'installe dans la ville huppée de Greenwich, dans le Connecticut.

Avant de quitter la Russie, il divorce de sa femme, Tatiana Pantchenkova, qui vit également à Greenwich. En novembre 2012 Pantchenkova accuse son ex-mari de divers types d'abus et de coups au cours de leurs dix années de vie commune, et même d'avoir abusé sexuellement de sa fille, et réclame 2 millions de dollars de dédommagement. En mars 2016, Tchigirinski est arrêté, puis libéré contre une caution de 50 000 dollars. Il fait l'objet d'une enquête pendant 11 mois. Début février 2017, peu après l'investiture du président Trump, la Cour suprême du Connecticut acquitte Tchigirinski de toutes les accusations liées à la maltraitance familiale, intentées contre lui sur la base des témoignages de ses enfants et de son ex-femme. Le 21 février, cependant, des accusations de violations financières et fiscales sont déposées contre lui, et le tribunal ordonne à Tchigirinski de fournir au grand jury tous les dossiers financiers et des informations sur tous ses comptes et revenus.

Mais revenons à la photo de 2007. À Moscou, Ivanka Trump et Elena Baronoff reçoivent des cadeaux : des manteaux faits de la fourrure la plus chère du marché, l'hermine. Les négociations commencent alors. Nous savons peu de choses sur leur contenu. Elles sont menées par Mikhaïl Babel, qui apparaît sur la photo.

Babel est né en 1962. En 1984, il est diplômé de l'Institut d'ingénierie de la construction V. V. Kouibichev de Moscou, et pendant les 30 années suivantes, il travaille dans le secteur de la construction à Moscou, dans la banlieue de Moscou et dans d'autres régions russes. En 2003, il devient le premier directeur adjoint, puis le vice-président de Glavmosstroy. En 2006, il est nommé président.

Un peu plus tôt, en 1994, Babel avait créé la société de construction NBM-Stroyservice, sur la base de laquelle il organise le NBM Development Group en 2006 et devient le promoteur personnel de l'agent de renseignement soviétique Sabbataï Henrikhovitch Kalmanovitch, qui a été condamné, en 1988, à 9 ans de prison en Israël pour espionnage en faveur de l'URSS. Kalmanovitch a été libéré en mars 1993 à la suite de demandes pressantes de la Sécurité d'État russe[8].

Après son retour en Russie, Kalmanovitch était devenu un homme d'affaires prospère : l'un des dirigeants du groupe criminel organisé Solntsevskaïa, le producteur de Zemfira, le propriétaire de plusieurs clubs de basket-ball en Russie et en Lituanie, y compris l'équipe féminine de basket-ball du Spartak Moscou. Kalmanovitch était devenu l'un des leaders du marché pharmacologique en Russie, un ami de « Iapontchik » et de Semion Moguilevitch. Sous la direction de Kalmanovich, Babel se consacre à la construction. Il lui construit notamment un bureau dans la rue Sergueï Makeïev et des infrastructures pour le club de basket féminin du Spartak, basé dans la ville de Vidnoïe, près de Moscou, où il réenregistre même sa société.

Dans les années 2000, le groupe NBM construit plusieurs complexes résidentiels à Podolsk et Krasnogorsk et commence à pénétrer le secteur bancaire. En 2008, les filiales de NBM sont actionnaires de la banque Peresvet dont elles ont acquis environ 25 % des actions.

Au cours des années suivantes, la banque Peresvet se prête activement aux projets de son actionnaire et finance notamment la construction du village de chalets « Septième Mile » sur l'autoroute Novorizhskoye. « Peresvet a également financé la construction du complexe résidentiel "Terletsky Park" à l'est de Moscou et du complexe "Porte occidentale de la capitale" », laquelle a commencé en 2002.

En 2006, le partenaire de Babel pour la construction est la filiale de la MNB, ZAO ISK Enbiem, qui obtiendra une ligne de crédit de 5,5 milliards de roubles (environ 180 millions de dollars) de la Vnechtorgbank (VTB) de Russie en 2009. Le gouvernement de la région de Moscou a accepté que Babel participe à ce projet « sous certaines conditions ».

Les autorités sont convenues avec l'homme d'affaires d'augmenter le volume de construction, sa société recevant « environ 120 000 mètres carrés de logements ». L'homme d'affaires a promis que l'ensemble du complexe serait achevé « en un an et demi ou deux ans ». Mais le complexe n'a jamais été mis en service. En 2007, l'un des cinq complexes était achevé (entre-temps, 1 200 personnes ont été inscrites dans le registre des actionnaires qui avaient investi dans la construction).

NBM était aussi en partenariat avec Rose Group (ou RGI) dans un certain nombre de projets tels que le projet de micro-cité « Dans les bois », qui prévoyait la construction de 1,6 million de mètres carrés de logements à Otradnoïe, dans le district de Krasnogorsk. RGI a acquis auprès de Mikhaïl Babel les droits de construire les centres d'affaires Dream dans la rue Chepkine ; Maya, dans la rue Gilyarovski ; Media City, dans la rue Akademika Koroleva. En outre, l'un des partenaires de RGI, Boris Kouzinets, a acheté à Babel les droits de reconstruction de trois blocs sur le Rojdestvenski, où RGI prévoyait de construire un complexe Chelsea de 263 000 m². En juillet 2007, RGI informe les investisseurs que les actifs achetés par la société sont évalués à plus de 190 millions de dollars. Mikhaïl Babel reçoit non seulement l'argent pour les actifs vendus, mais il conserve également 27 % du projet « Dans la forêt » (qui seront ensuite réorganisés en une participation de 18 % dans la société offshore Sucreti)[9]. Et tout cela sous les auspices du légendaire officier du KGB/FSB, Kalmanovitch.

Mais la coopération de Babel avec Kalmanovitch sera victime de certains imprévus : le 2 novembre 2009, en plein jour, dans le centre de Moscou, la Mercedes de Kalmanovitch est la cible de deux rafales de mitraillette. Il est tué sur le coup. Son chauffeur, Piotr Toumanovitch, est grièvement blessé. Les agents trouvent dans la voiture du défunt un million et demi de dollars, qui n'intéressaient pas les assassins.

Pour ne pas mettre tous ses œufs dans le même panier, Babel était devenu, en 2003, vice-président de Glavmosstroy, qui fait partie de la société Glavstroy appartenant à Basic Element d'Oleg Deripaska. Il semble que la coopération de Babel s'inscrive également dans le cadre de la Sécurité d'État russe. Selon Iskander Makhmudov, partenaire commercial d'Oleg Deripaska, ce dernier était un agent du FSB depuis au moins la fin des années 1990, ayant signé des documents par lesquels il acceptait de travailler pour cette organisation. Il avait dû accepter de coopérer en raison des pressions et des menaces exercées par le gouvernement et le FSB pour lui retirer son entreprise. Les mêmes documents avaient été signés par son associé Iskander Makhmudov. Deripaska deviendra, plus tard, l'agent du Kremlin en charge de Paul Manafort, conseiller du président ukrainien Viktor Ianoukovitch et futur directeur de campagne de Donald Trump. Paul Manafort deviendra à son tour le conseiller de Rybolovlev sur les questions liées aux États-Unis.

C'est par l'intermédiaire Glavmosstroy de Deripaska que Babel (est-il exact de supposer que Babel, employé de Kalmanovitch et Deripaska, était également un agent du FSB ?) reçoit l'ordre d'inviter Trump, ses enfants, son promoteur Dezer et son courtier Baronova, sans lequel Dezer, selon des témoins, ne se rendait jamais nulle part.

La biographie de Mme Baronova soulève également de nombreuses questions. Elle émigre d'Union soviétique vers les États-Unis en 1989 et se retrouve dans l'Iowa, puis déménage en Floride, devient agent de voyages, puis courtier. En 2004, elle est déjà employée par la Trump Organization au poste de vice-présidente des relations avec les clients de Trump Grande, filiale de la Trump Organization, et figure avec Trump et sa fille Ivanka en couverture du magazine *The Women's City*, dans un article intitulé « Donald Trump's Russian Hand[10] ». Sans donner de dates, elle écrit dans sa biographie qu'elle a « servi d'attachée culturelle dans les organes diplomatiques publics du gouvernement russe ».

On ne sait pas exactement ce que Baronova avait en tête ni si elle travaillait réellement pour le gouvernement russe. Mais le poste d'« attaché culturel » dans les ambassades russes était très souvent une couverture pour les officiers du KGB/FSB. Pour cette raison, cette indication autobiographique obscure de Baronova a conduit certains journalistes à supposer qu'elle était un agent du renseignement soviétique et une espionne envoyée hors de Russie[11].

Ses activités professionnelles en tant que courtier n'ont pas atténué les soupçons car, malheureusement pour elle, la célèbre « agent illégale » russe, Anna Chapman, qui a été découverte aux États-Unis et expulsée en juillet 2010, avait également le métier de courtier comme couverture. Le dernier titre de Baronova en 2008 – ambassadrice internationale de Sunny Isles Beach, la ville même où Trump vend à des clients russes des appartements dans des gratte-ciel construits par Dezer et négociés par Baronova –, n'a fait que confirmer la conviction des observateurs qu'après la visite de Baronova et consorts à Moscou, la Trump Organization a mis au point un système de vente d'appartements à des clients russes.

Ces ventes ont été plus que fructueuses. C'est ainsi que l'activité de Dezer est décrite sur le site web de Dezer Development : « Dezer Development a été fondé en 1970 par Michael Dezer, innovateur créatif dans le domaine de l'immobilier. Avec l'aide de son fils Gil Dezer, président de Dezer Development, il a développé la société au cours de ses 45 années d'activité pour inclure des participations stratégiques uniques à New York, en Floride et à Las Vegas. En 1985, les Dezer ont commencé à acquérir des hôtels le long de la côte du sud de la Floride. Aujourd'hui, avec 27 acres de littoral, Dezer Development est peut-être le plus grand propriétaire et promoteur côtier de l'État. La plupart des terrains sont destinés à être convertis en copropriétés de luxe, en hôtels en copropriété, en centres de villégiature et en complexes résidentiels de moyenne et grande hauteur. Le rôle clé joué par la célèbre équipe père-fils dans la revitalisation de Sunny Isles Beach avec la construction de neuf tours en copropriété et d'immeubles résidentiels de luxe est largement connu. Le portefeuille de marques de Dezer Development comporte également six Trump Towers, Porsche Design Tower et des complexes résidentiels Armani/Casa. Ayant suscité un intérêt sans précédent de la part d'un large éventail d'acheteurs locaux, nationaux et internationaux, les promoteurs immobiliers ont vendu avec succès plus de 2 700 propriétés d'une valeur de plus de 3,6 milliards de dollars. En plus de leurs propriétés à Miami Beach, les Dezer possèdent d'importants espaces à New York. Leur portefeuille comprend plus de 20 propriétés d'une superficie de plus de 100 000 $m^2$. »

En fait, il n'y a aucune supercherie dans cette affaire. La Trump Organization et la société de courtage de Mme Baronova n'ont tout simplement pas interrogé leurs clients sur l'origine de l'argent. Tout fonctionnaire ou agent de la force publique russe, tout corrompu ou corrupteur russe, sans parler des nombreux hommes d'affaires russes qui ont gagné de l'argent de diverses manières, légales ou illégales, pouvait acheter un appartement dans le luxueux complexe de Trump en transférant l'argent nécessaire à la vente depuis n'importe quel compte personnel, professionnel, offshore, étranger ou russe, depuis les leurs ou depuis ceux de tiers. Dans certains cas, des comptes d'entreprise et des comptes bancaires ont été utilisés pour acheter des appartements à l'insu du conseil d'administration de ces entreprises et de ces banques. Quand le transfert direct de fonds n'était pas souhaitable, pour une raison ou une autre, l'argent était d'abord transféré sur le compte de l'avocat américain impliqué dans la transaction, qui servait de tampon supplémentaire pour le blanchiment d'argent, puis, à partir du compte américain de l'avocat, transféré sur le compte du propriétaire de l'immeuble (la Trump Organization ou le propriétaire vendant l'appartement dans les Trump Buildings).

Si un acheteur russe était à court d'argent et ne pouvait pas payer le montant total en espèces, mais était prêt à payer la moitié ou plus de la valeur de la propriété achetée, il se voyait accorder un prêt privé par un financier recommandé par Baronova. Ces recommandations étaient souvent faites par le fils de Baronova, George Baronoff, qui était également courtier en Floride.

C'est la clé du succès de Trump lorsqu'il travaillait avec des clients de pays à économie de marché sous-développée, qu'il s'agisse de la Trump Tower au Panama ou à Miami. Dans les cinq gratte-ciel qu'il a construits à Miami, selon un courtier, les « Russes » représentent 50 % des résidents (il y a environ 30 000 « Russes » à Sunny Isles et à Floridian Hollywood). Les « Latino-Américains » d'Amérique du Sud sont concentrés dans le sixième gratte-ciel pour les mêmes raisons.

Le moyen le plus simple de répondre aux questions qui se posent à son égard serait de contacter Elena Baronova. Malheureusement, cela n'est plus possible. En 2014, Elena Baronova a appris qu'elle était atteinte d'une leucémie dont elle est décédée en 2015. La place d'Elena Baronova en tant que courtier en Floride dans le système Trump a été prise par son fils George Baronoff.

Mais voici la description que fait un autre courtier immobilier de Floride de la situation des gratte-ciel Trump/Dezer, en réponse à mes questions : « Nous estimons que chaque immeuble doit compter au moins 300 locataires, dont au moins la moitié sont des Russes. Je dirais que l'appartement le moins cher est à 1,1 million de dollars, et l'on compte cinq bâtiments plus le nouveau bâtiment Porsche » (qui ne porte pas le nom de Trump).

Bien entendu, pour construire des gratte-ciel, Dezer a besoin d'argent afin de pouvoir lancer les opérations. Or, cet argent provient des banques. L'histoire des relations de Trump et de la Trump Organization avec la Deutsche Bank allemande mérite d'être rapportée ici.

Depuis 1998, la Deutsche Bank a accordé 2,5 milliards de dollars de prêts aux entreprises de Trump. En 2005, la Deutsche Bank prêtait 640 millions de dollars à Trump pour lui permettre d'investir dans la construction d'un gratte-ciel à Chicago. La commission de la Deutsche Bank s'élevait à 12,5 millions de dollars, mais en raison de la crise immobilière et financière de 2008, Trump n'a pas payé tout ce qu'il devait à la banque. La banque a alors intenté une action contre lui, mais Trump a contre-attaqué en exigeant que la banque couvre 3 milliards de dollars de dommages, ses avocats faisant valoir que la banque était également responsable de la crise financière.

Le tribunal n'a pas accepté les arguments de Trump, mais a contraint la Deutsche Bank à restructurer son prêt. La durée du prêt a également été prolongée et, en 2012, la dette a été remboursée à de nouvelles conditions. Mais après cette histoire, Trump est devenu *persona non grata* pour la division crédit de la Deutsche Bank. Citibank, JPMorgan Chase et Morgan Stanley ont également cessé de travailler avec lui en raison de ses différentes faillites. Les banquiers de Goldman Sachs « ont également suffisamment de bon sens pour se tenir à l'écart de tout accord lié à Trump » a déclaré un ancien cadre supérieur de Goldman Sachs au *Wall Street Journal*. Mais pour la division de banque privée de la Deutsche Bank, Trump est curieusement resté un client apprécié. Ce département a prêté 300 millions de dollars à Trump entre 2012 et 2015.

Les informations sur les sommes varient considérablement. On a même envisagé que le prêt de la Deutsche Bank, acheminé par la Banque de Chypre, était en fait un prêt de la Vnecheconombank de Russie et que la réunion entre le gendre de Trump, Gerald Kushner, et Sergueï Gorkov, officier du FSB et directeur de la Vnecheconombank (VEB), en décembre 2016 à Washington, peu après que Trump a remporté la présidence, pourrait avoir porté sur les questions financières personnelles de la famille

Trump, y compris le problème des anciens et des nouveaux prêts.

La Deutsche Bank était l'un des principaux créanciers de Trump. Dans le même temps, la Deutsche Bank était impliquée dans le blanchiment de 10 milliards de dollars d'argent russe par l'intermédiaire de banques à Chypre, en Estonie et en Lettonie. Dans le cadre de cette affaire, elle a été condamnée par l'État de New York, en janvier 2017, à une amende pour une infraction à la loi sur les faillites de l'État de New York de 630 millions de dollars[12].

La branche russe de la Deutsche Bank mérite une attention particulière. Le 12 mai 2006, la banque publie une annonce selon laquelle Ilya Cherbovitch et Nicholas Jordan ont été nommés à la tête de sa succursale russe. L'annonce précise que Cherbovitch a travaillé à la banque pendant plus de 10 ans et qu'il a participé à de nombreuses fusions et acquisitions impliquant la Deutsche Bank Russie. Il a notamment « conseillé Gazprom sur la vente d'une participation de 10,74 % à Rosneftegaz et l'achat de Sibneft pour 13 milliards de dollars. Il a organisé un consortium d'acheteurs pour l'acquisition de 34,5 % de Magnitogorsk Iron and Steel Works par le biais d'une privatisation et d'une acquisition directe auprès de Mechel, il a conseillé l'Agence fédérale pour la gestion des biens de l'État de la Fédération de Russie pour la privatisation de 7,59 % de Lukoil, il a conseillé le plus grand producteur de jus de fruit, Moulton JSC pour la vente de ses actifs à Coca-Cola [...]. M. Cherbovitch a également constitué l'équipe la plus avancée du marché des capitaux en Russie, ayant participé à un certain nombre d'introductions en Bourse de sociétés russes sur les marchés nationaux et occidentaux, notamment l'introduction en Bourse de la société de télécommunications Comstar-UTS et de la plus grande société privée russe orientée vers le client, AFK Sistema, ainsi que l'introduction en Bourse de l'opérateur de supermarchés géant Seventh Continent et du producteur de jus de fruits Lebedianskii. »

Nicholas Jordan travaille à la Deutsche Bank depuis 1996. Diplômé de l'université de Boston, il a passé 10 ans à la Chemical Bank à New York avant de diriger les opérations russes de la Deutsche Morgan Grenfell de 1997 à 1999. Au cours de cette période, Morgan Grenfell Securities s'est avéré être un acteur majeur du marché russe.

Ilya et Nicholas figurent parmi les cinq premiers courtiers russes et sont des acteurs de premier plan sur les marchés des changes et les marchés financiers russes, permettant aux entreprises russes d'accéder aux marchés internationaux des capitaux et soutenant les principales fusions et acquisitions dans le pays. « Ilya et Nicholas jouissent d'une réputation bien méritée de banquiers d'affaires de premier plan sur le marché russe. Ils constitueront un renfort important pour la banque alors que nous continuons à développer notre activité de banque d'investissement et à renforcer notre présence sur le marché », déclare Charles Ryan, chef des divisions régionales et directeur général du groupe Deutsche Bank en Russie.

Depuis au moins 2005, un autre ressortissant russe à la réputation douteuse, qui a été condamné aux États-Unis pour mutilation d'une personne, fraude financière et liens avec la mafia, est l'agent de Trump en Russie. Il s'agit de Felix Sater, un ami de lycée et un partenaire de l'avocat personnel de Trump, Michael Cohen. Son nom est constamment lié aux projets de Cohen et de la Trump Organization. En 2005, Felix Sater est à Moscou pour tenter de réaliser le projet ambitieux de la construction d'une Trump Tower sur le site d'une ancienne usine de crayons, sur les rives de la Moskova, qui abriterait des chambres d'hôtel, des appartements en copropriété et des espaces de bureaux. Des protocoles d'intention sont signés et l'espace est en cours d'analyse. « C'était l'occasion d'explorer les perspectives de construction internationale des Trump Towers. La Russie était l'un des pays prometteurs », a déclaré Sater.

En 2006, Sater se rend à Moscou avec les enfants de Trump, Donald Jr. et Ivanka. Ils restent quelques jours à l'Hôtel National pour rencontrer des partenaires potentiels dans le domaine de la construction. « Faisons un marché ici et maintenant ! » déclare Sater lors de ce voyage. Il dira par la suite que durant ce séjour il « s'est arrangé pour qu'Ivanka visite le bureau de Poutine au Kremlin, où elle s'est assise dans son fauteuil[13] ».

Sater met également Trump en contact avec Tevfik Arif, un ancien représentant commercial soviétique du Kazakhstan et fondateur de l'entreprise de construction Bayrock Group, dans laquelle Sater est associé. Le groupe Bayrock est intéressé par des transactions en Russie. Comme l'a écrit Sater : « Nous avons examiné de très, très grandes propriétés en Russie, comme, disons, je pense à un grand gratte-ciel de Vegas[14]. »

En 2007, le groupe Bayrock s'occupe d'une transaction potentielle entre Trump International Hotel & Tower et des investisseurs russes. La Trump Organization discutait de la construction d'un équivalent du gratte-ciel new-yorkais de 58 étages, la Trump Tower, à Moscou et espérait vendre des licences d'utilisation de la marque. Dès avril 2007, la marque Trump est enregistrée dans le secteur des services, de l'immobilier résidentiel, commercial et hôtelier.

En 2008, Trump est surtout intéressé par la construction d'hôtels en copropriété sous la marque Trump International Hotel & Tower. « Moscou est le marché idéal, et c'est là que nous devrions être », déclare Trump Jr. Il souligne que, contrairement à New York, il y a encore suffisamment d'espace dans le centre de la capitale russe pour des projets de grande envergure. « Nous ne voulons venir en Russie qu'avec un projet emblématique », insiste-t-il et d'ajouter que les Trump avaient tenu des réunions avec un certain nombre de promoteurs en Russie, mais il refuse de les nommer : « Aucun accord n'a encore été conclu, il est donc trop tôt pour en parler ».

Mais, comme en 2004, Trump n'a pas l'intention de construire des bâtiments en Russie. Maxime Temnikov, membre du conseil d'administration du groupe Mirax, a précisé à cet égard que Trump n'était prêt à travailler en Russie que sur une base de « franchise », et que ce schéma ne convenait pas à ses partenaires russes potentiels. « Notre marché est déjà assez mûr, les grandes entreprises n'accepteront pas une telle coopération. Et les autres acteurs ne risquent pas de plaire à Trump. » Alexeï Beloоussov, directeur commercial de Capital Group, est du même avis : « Le marché immobilier russe se trouve à un autre niveau de développement ; le temps des “franchises” est révolu », mais de nombreuses personnes peuvent être intéressées par le travail et l’expérience d’une société américaine, ainsi que par des investissements[15] ».

Les promoteurs immobiliers russes se méfient de Trump.

« Il n’est pas certain que la Russie aura la même réaction à cette marque que l’Amérique, où les gens ont surpayé 20 à 30 % du coût du logement pour la marque Trump », déclare Maxim Temnikov. Alexeï Belooussov est du même avis : « Le prix de ce nom n’est pas évident pour les entreprises russes ». Turkhan Makhmudov, directeur général de BBDO Branding, estime également que la marque Trump n’est encore connue Russie que par un cercle très étroit de personnes.

Mais même parmi les Américains, la marque Trump a perdu en popularité au cours de ces années. Alors qu’en 2004, la marque était classée septième après Apple, Google, Target, Starbucks, Pixar et Amazon.com, elle était classée 24e en 2005 et 48e en 2006. C’est dans ce contexte de scepticisme que Trump continue à chercher des opportunités d’entrer sur le marché immobilier russe avec sa marque, car l’argent russe étant la seule source fiable d’entrées de capitaux.

# 4.

# Sauvez Donald Trump !

L'année 2008 n'a pas été moins funeste pour Trump que l'année 2000. La crise financière américaine a affecté le marché de l'immobilier ; l'empire de Trump est (non pas pour la première, mais pour la sixième fois) au bord de la faillite, ce qui signifie la fin de Trump en tant qu'homme politique. Seul l'argent russe peut sauver la situation. C'est alors que Rybolovlev vient à la rescousse. Il achète à Donald Trump une villa qui, aux prix de 2008, valait… Une villa ne valait rien ! Trump l'avait achetée aux enchères pour environ 41,35 millions de dollars en 2004. Il avait apparemment investi de l'argent dans des rénovations : « Il a remodelé l'intérieur de la maison principale, en installant de nouvelles cuisines et en divisant la grande salle pour créer des chambres et des salles de bains supplémentaires, ainsi qu'en apportant des modifications mineures aux portes, aux cadres et aux fenêtres. » C'est ce qui ressort des documents. « J'ai mis un peu d'ordre, mais pas trop. L'essentiel, c'est que j'ai repeint la villa », a-t-il déclaré dans l'une de ses interviews à propos de la rénovation.

En juillet 2006, il l'a mise en vente pour 125 millions de dollars, mais n'a pas trouvé preneur. En mars 2008, il baisse le prix à 100 millions de dollars, mais en 2008, avec l'effondrement des prix de l'immobilier dû à la crise économique mondiale, il devenu impossible de la vendre. La maison est restée vide pendant des années, rongée par la moisissure de Floride. C'est alors que Trump a eu de la chance. Un Russe fou achète la villa pour 95 millions de dollars.

Ce Russe fou c'est Rybolovlev. Selon le témoignage d'Elena Tchouprakova, son ex-épouse, les 1er et 2 avril 2006, Rybolovlev, ses connaissances russo-américaines – Roustamov, qui aidé à sortir de prison en 1996-1997, et son épouse Marina Kotova –, et elle-même se trouvaient dans les environs et avaient pu inspecter la villa de l'extérieur, en pénétrant dans la propriété par la plage. Deux ans plus tard (période pendant laquelle personne ne s'est intéressé à la villa de Trump, ce qui en dit long sur le « juste prix » auquel Trump a tenté de la vendre), du 3 au 6 mai 2008, Rybolovlev est de nouveau en Floride, cette fois sans son épouse.

Le témoignage quelque peu confus d'Elena Rybolovleva, donné sous serment devant un tribunal suisse, concernant l'achat de la villa Trump, suggère que Rybolovlev avait prévu d'effectuer l'achat sans consulter sa femme. « Immédiatement après avoir visité la propriété, Dmitri m'a dit qu'il avait chargé [son employé] Sergueï Vakoula d'entamer des négociations sur l'achat avec les représentants de Trump, qui ont été menées à bien par Mikhaïl Sazonov, ce dont Dmitri m'a informée », a témoigné Mme Rybolovleva devant le tribunal. Ce témoignage montre que Rybolovlev n'a pas consulté sa femme sur l'achat de la villa. « Dmitri a organisé son achat dans mon dos », a déclaré Elena sous serment.

L'argent nécessaire à l'achat de la villa provenait de comptes sur lesquels l'épouse n'avait aucun contrôle : « Je ne savais pas à l'époque que Dmitri avait déjà organisé l'achat de la propriété en utilisant des actifs acquis pendant notre mariage via une procédure à laquelle je n'avais pas accès, à savoir par le biais d'une Société à responsabilité limitée et d'une fiducie[1]. Lors de l'achat de la propriété, comme je l'ai appris plus tard, Dmitri était représenté par Carol Digges de Brown Harris Stevens Residential Sales, LLC, 340 Royal Poinciana Way, Palm Beach, Floride[2] ».

« Mme Digges a indiqué que Dmitri avait visité la propriété avec un ami [Sergueï Vakoula] qui parlait l'anglais plus couramment que Dmitri », peut-on lire dans le procès-verbal du tribunal. « Mme Digges ajoute qu'ils ont fait le tour de la maison pendant environ une heure et qu'ils n'ont pas beaucoup parlé. Après la visite, Dmitri s'est montré intéressé par l'achat de la propriété. Lawrence Moens, de Lawrence A. Moens Associates, Inc., 245 Sunrise Avenue, Palm Beach, Floride, représentait Donald Trump. Lawrence Moens était porteur d'un contrat approuvé par son client Donald Trump. Dmitri a signé le contrat dans la maison et est parti. Dans le cadre de la conclusion de la transaction, Dmitri a été représenté par Robert Brody, Esquire ».

En d'autres termes, du 3 au 6 mai, tous les détails de l'achat à venir de la villa de Trump avaient été discutés et convenus : les documents avaient été préparés, les courtiers et les avocats réunis. Ce n'est qu'après la conclusion de l'affaire que Rybolovlev a informé sa femme que la villa, qu'Elena n'avait jamais vue, avait été achetée : « autour du 5 mai », dit Rybolovleva avec incertitude, et on comprend pourquoi : la société Country Road Property LLC, sous laquelle la villa devait être achetée, a été enregistrée le 9 mai sans en informer sa femme. Le 12 mai, une fiducie a été créée au nom de sa femme Elena et de sa fille Anna, pour financer l'achat de la villa. Mais l'épouse n'était pas non plus au courant de l'existence de cette fiducie. Mikhaïl Sazonov, le représentant de Rybolovlev, s'est chargé de la transaction. Quant à Rybolovlev il ne s'est plus occupé de la villa une fois celle-ci achetée.

Rybolovlev ne se permettrait jamais d'acheter la villa Trump sans consulter ses partenaires russes Troutnev et Ezoubtchenko et, compte tenu de la proximité de Troutnev avec Poutine, Poutine lui-même. Il ne pourrait acheter la villa de Trump que si l'opération était approuvée « par en haut ». Sans l'approbation du Kremlin, il ne pouvait pas acheter la villa de Trump, d'autant plus qu'il ne l'achetait pas pour lui, sa femme ou sa famille, mais pour une autre raison. « Rybolovlev a toujours dit qu'il était lié au KGB, qu'il avait un général du KGB qui l'aidait et le protégeait, se souvient Yves Bouvier. Mais s'il était lié aux services spéciaux, comme on le suggère, et connaissant Rybolovlev, qui était un homme assez intelligent, il ne se serait jamais permis d'acheter la villa de Trump sans l'autorisation de gens "d'en haut" ».

Le général du KGB était Ezoubtchenko, l'agent du FSB en charge de Rybolovlev, non seulement en Russie, mais aussi à l'étranger. C'est ce que rapporte la publication russe daghestanaise *Tchernovik* sur le travail d'Ezoubtchenko à Monaco :

« Selon des informations officielles non confirmées, le général Ezoubtchenko, à la fois directement et par l'intermédiaire de Dmitri Rybolovlev, a négocié avec le prince Albert II de Monaco et des représentants du système judiciaire de la Principauté la non-extradition et la garantie de sécurité du banquier fugitif George Bedjamov, ancien copropriétaire de la Vnechprombank, qui s'est effondrée en 2016, accusé d'avoir volé de l'argent sur les comptes de proches de l'élite russe : l'ancien chef de l'administration présidentielle Sergueï Ivanov, le ministre de la Défense Sergueï Choïgou, l'ancien vice-premier ministre Dmitri Kozak et le chef de l'entreprise publique Transneft Nikolaï Tokarev. Outre les familles d'Ivanov, de Kozak et de Choïgou, les plus grandes entreprises du pays, dont Rosneft, Rosneftegaz et Transneft détenaient des comptes auprès de la banque en faillite. Le Comité olympique russe et les structures de l'Église orthodoxe russe ont également été touchés. Les auteurs du détournement de milliards ont été rapidement identifiés : la sœur du banquier, Larissa Markous, a été arrêtée à Moscou, tandis que George Bedjamov a réussi à s'enfuir à l'étranger, mais a été arrêté à Monaco par Interpol. Normalement, Monaco est prompt à extrader les fugitifs russes, mais il y a eu un problème. Le tribunal de la Principauté a d'abord refusé d'extrader l'ex-propriétaire de la Vnechprombank, invoquant des problèmes de santé, puis l'a libéré sous caution. »

L'article poursuit : « Des rumeurs se sont répandues à Monaco et en Russie selon lesquelles le milliardaire russe Dmitri Rybolovlev était impliqué dans la libération miraculeuse de Bedjamov. Des sources bien informées ont confirmé que "Dmitri s'est impliqué sérieusement dans l'affaire", en utilisant toutes ses ressources disponibles dans la Principauté de Monaco et au Kremlin. Sur les instructions d'Ezoubtchenko, Bedjamov aurait reçu, par l'intermédiaire du réseau corrompu de Rybolovlev, une offre qu'il ne pouvait pas refuser. En échange de sa sortie de prison et de l'immunité d'extradition vers la Russie, le fugitif s'est engagé à mettre à la disposition de Rybolovlev 300 millions d'euros. Le fait est que l'accord comportait deux parties. Outre 300 millions d'euros, le banquier en fuite a accepté de remettre à son "sauveur" l'ensemble des données confidentielles sur l'utilisation des fonds par les clients VIP de la Vnechprombank. Il s'agissait notamment de toutes les informations classifiées sur les transactions effectuées sur les comptes offshore et autres comptes de proches de fonctionnaires du Kremlin. À son tour, Rybolovlev a transmis les données compromettantes de Bedjamov à ses patrons du FSB[3]. »

En fait, ce n'est pas Rybolovlev qui a pris la décision d'acheter la villa de Trump, mais les autorités russes : le Kremlin ou la Loubianka. Rybolovlev a reçu des instructions de Moscou pour acheter la villa de Trump et lui éviter ainsi une nouvelle faillite. Lorsque sa femme Elena a demandé à son mari pourquoi il avait acheté la villa, Rybolovlev a répondu : « Je devais le faire. »

« À des fins fiscales, le montant de la transaction a été déterminé comme étant de 95 millions de dollars », indique l'acte de vente. La superficie totale de la propriété est de 62 000 mètres carrés. La villa est située au 515 North County Road, Palm Beach, Floride[4]. »

Rybolovlev ne connaît pas Trump. Et Trump déclare dans une interview accordée à *Politico* en juillet 2016 au sujet de Rybolovlev : « Je ne l'ai jamais rencontré. Il était représenté par un courtier. J'ai entendu beaucoup de bonnes choses sur lui et sa famille. Il se trouve qu'il vient de Russie, c'est un homme riche de Russie ».

Lors de la vente de la villa, la partie acheteuse et Donald Trump signent un accord confidentiel de non-divulgation. Le contenu de cet accord n'est pas clair et les clauses qu'il contient sont inconnues. Aux États-Unis, la loi dispose que toutes les ventes de biens immobiliers sont publiques. Le nom de l'acheteur peut, bien entendu, être dissimulé derrière des sociétés à responsabilité limitée (LLC) et des fiducies. Mais la vente elle-même est impossible à dissimuler. Dès l'été 2008, on savait que Rybolovlev[5] avait acheté la villa. Rybolovlev en était très mécontent et reprochait au très bavard Donald Trump, qui ne pouvait résister à la tentation de se vanter de la vente record et de mentionner son nom, d'avoir divulgué un secret commercial.

Vers mai-juin 2008, Reuters envoie un courriel à Uralkali pour lui demander si Rybolovlev (qui était alors président du conseil d'administration de la société et son principal actionnaire) était l'acheteur de la villa Trump. « Je me souviens que Dmitri a discuté très attentivement de cette question avec ses consultants, raconte Elena, pour savoir si Uralkali devait refuser de faire des commentaires ou si la société devait confirmer que Dmitri était l'acheteur. Finalement, il a été décidé que le porte-parole d'Uralkali, Alan Basiev, publierait une très courte déclaration au nom de Dmitri pour confirmer l'achat, en disant qu'il s'agissait simplement d'un investissement immobilier d'une société dans laquelle Dmitri avait une participation, mais que cela ne représentait pas la décision de notre famille de vivre aux États-Unis. »

« Depuis de nombreuses années, mes principaux intérêts commerciaux se situent dans l'industrie de la potasse, mais j'ai également des intérêts dans un certain nombre d'entreprises à travers le monde », déclare M. Rybolovlev à Reuters par courriel, par l'intermédiaire de sa secrétaire, à propos de l'achat de la villa Trump. « Ces entreprises opèrent dans différents domaines. L'une d'entre elles est notamment impliquée dans des investissements immobiliers. Cette acquisition est simplement un investissement immobilier de l'une des sociétés dans lesquelles j'ai une participation et ne représente pas ma décision de vivre aux États-Unis, d'ailleurs, ni ma famille ni moi n'en avons l'intention. »

Cependant, l'achat du manoir de Palm Beach se démarque de la liste des propriétés achetées par Rybolovlev. Lorsque Rybolovlev achetait des biens immobiliers, il suivait toujours certaines règles : il coordonnait l'achat avec sa femme, il investissait dans des travaux de rénovation massifs dans chaque propriété achetée, il visitait la propriété chaque année, il ne vendait jamais la propriété à perte. Le cas de la villa de Palm Beach est différent : sa femme n'était pas du tout d'accord avec l'idée d'acheter la maison et n'en a pas été informée à l'avance, Rybolovlev n'a pas investi un centime dans la villa après l'achat, il ne s'y est jamais rendu après la finalisation de la transaction et a vendu la propriété avec beaucoup de difficultés pour lui-même et à perte à des acheteurs anonymes comme terrain nu. Il s'agissait à l'époque de la propriété la plus chère que Rybolovlev ait jamais achetée aux États-Unis.

Il était vraiment impossible de revendre cette villa à profit et de justifier l'achat en tant qu'investissement. En 2013 le comté de Palm Beach évalue la villa à 59,8 millions de dollars.

En mars 2016, Rybolovlev obtient l'autorisation de démolir toutes les structures. La même année, il démolit tout pour 234 000 dollars supplémentaires, divise le terrain en trois et met en vente les parcelles au prix du terrain.

Les trois parcelles ont toutes un accès à la mer. Rybolovlev vend la meilleure des trois en novembre 2016 pour 34,34 millions de dollars à une fiducie gérée par l'avocate de Palm Beach Maura Ziska. Le front de mer de cette parcelle mesure 52 mètres de long, tandis que les deux autres mesurent 46 mètres chacune, et s'étend sur 2,72 acres, soit bien plus d'un tiers des 62 000 mètres carrés totaux. Le prix de la transaction est de 12,625 millions de dollars par acre, soit 4 000 $m^2$. Le prix d'achat du 535 North County Road avait été de 15,175 millions de dollars par acre. Rybolovlev vend donc la première parcelle à perte en 2016.

En octobre 2017, une deuxième parcelle de 1,97 acres est vendue pour 37 millions de dollars à une société à responsabilité limitée appelée 535 North County Road LLC, gérée par l'avocate Holly G. Gershon. On ignore pour qui exactement cette parcelle a été achetée par l'avocate[6].

Lorsque Rybolovlev commence à vendre la propriété en Floride, l'ancien propriétaire de la villa est déjà devenu président des États-Unis, et le paiement de dizaines de millions de dollars par le milliardaire russe à Trump ressemblerait davantage à un pot-de-vin, un prêt, une avance ou un paiement. Rybolovlev a dû expliquer aux journalistes curieux pourquoi il avait acheté la villa de Trump, ce qui n'est pas facile, d'autant plus que Rybolovlev, qui s'est rendu en Floride trois ou quatre fois au cours des dix années précédentes, ne semble pas être amoureux de cet État. Ses explications sont donc confuses et peu convaincantes. Il explique qu'il a acheté la villa pour que sa famille ait une maison en Floride pour les années à venir, qu'il a investi dans la villa pour gagner de l'argent lorsqu'il la vendrait, qu'il avait prévu dès le premier jour de démolir les vieux bâtiments et de construire un nouveau palais et, enfin, qu'il a dû démolir le domaine parce qu'il était envahi par la moisissure.

En effet, si vous n'allumez pas l'air conditionné dans une pièce vide en Floride, vous ne pouvez pas éviter les moisissures. Mais ce n'est qu'une preuve de plus que Rybolovlev ne se souciait pas du tout de la villa de Trump, qu'il a pourtant payée très cher. Pourquoi alors Rybolovlev a-t-il jeté tant d'argent par les fenêtres et a-t-il été, selon des témoins, la risée de ceux qui connaissaient un tant soit peu les prix de l'immobilier aux États-Unis ? Pourquoi était-il important pour Rybolovlev de donner de l'argent au futur candidat et de le sauver de la faillite ? Parce qu'à ce moment-là, le Kremlin avait vraisemblablement déjà décidé d'apporter un soutien financier à Trump. Rybolovlev a conclu l'achat de la villa Trump le 12 mai 2008.

La famille Trump s'est rendue à Moscou si souvent qu'il est difficile de retracer tous leurs voyages. En 2008, Donald Trump Jr. a précisé qu'il s'était rendu en Russie six fois au cours de l'année et demie écoulée, c'est-à-dire qu'il s'y rendait une fois tous les trois mois.

En mai 2008, Lev Leviev, copropriétaire d'AFI Development, homme d'affaires russo-israélien et agent du FSB, rend visite à Trump à New York pour des entretiens. Selon Natalia Ivanova, porte-parole d'AFI Development, aucun accord sur des projets communs en Russie n'est conclu. On ne sait pas exactement de quoi Trump a parlé avec Leviev. Mais si, avant son premier voyage en 2007-2008, Trump n'avait « absolument aucun investissement en Russie », selon sa propre déclaration sur Twitter en juillet 2007, la situation va radicalement changer en sa faveur après son dernier voyage de cette période.

En termes d'investissement en Russie, Trump est resté au même niveau zéro. Le 3 juin 2008, au plus fort de la crise financière américaine, Trump Jr. prononce un discours lors du sommet « Immobilier en Russie », à Moscou, qui porte sur ses projets de construction de logements et d'hôtels de luxe à Moscou, Saint-Pétersbourg et Sotchi. Il indique qu'il s'agit uniquement d'établir les marques de Trump sur le marché mondial. Le « marché mondial » comprenait alors les projets de Trump au Panama, à Séoul, à Honolulu, à Istanbul, en République dominicaine, à Dubaï et aux États-Unis.

« Sur fond de stagnation du marché immobilier américain, la Russie a récemment connu une augmentation de près de 50 % du prix du mètre carré, ce qui a été une révélation pour moi », déclare-t-il, ajoutant qu'il avait échoué à intéresser les constructeurs russes à ses projets et qu'il n'espérait plus qu'un miracle.

Le miracle se produit. Tout à coup l'argent russe afflue dans les entreprises de Trump. En septembre 2008, lors d'une conférence sur l'immobilier à Manhattan, Donald Jr. déclare : « Si nous parlons du haut de gamme, l'afflux de clients russes représente une part disproportionnée dans nombre de nos projets, disons à Dubaï, et certainement dans nos projets à SoHo, et généralement à New York. On assiste à un sérieux afflux d'argent en provenance de Russie. » Il ajoute qu'il préfère désormais « Moscou à toutes les autres villes du monde[7] ».

Cette citation de 2008 doit être accompagnée de quelques autres, bien qu'elles aient été faites plus tard, pour compléter le tableau. Premièrement, le témoignage de Michael Cohen, lors d'une longue interview sur MSNBC avec Rachel Maddow, le 24 décembre 2020, où il explique lucidement que les 50 millions de dollars surpayés par Rybolovlev pour le manoir de Floride étaient l'argent de Poutine, que Poutine lui-même avait donné des instructions à Rybolovlev pour acheter ce manoir, comme il avait donné des instructions à tous les autres oligarques pour investir dans Trump[8]. Deuxièmement, il faut faire mention de l'opinion de Bouvier selon laquelle Rybolovlev a reçu l'ordre d'investir dans Trump « d'en haut » et que, sans cela, il n'aurait pas pris le risque de faire des affaires avec Trump.

Mentionnons aussi la déclaration du chef du Département de la construction de la ville de Moscou qui a déclaré : « Nous avons investi tellement d'argent dans Trump qu'il n'a aucune chance de perdre. » Enfin, notons les mots de Sater : « Notre gars peut devenir Président des États-Unis, nous pouvons l'organiser. Je vais impliquer toute l'équipe de Poutine dans cette affaire, je vais organiser ce processus[9]. »

Mais le processus était déjà en marche. En 2009, Trump se réenregistre, passant du statut de démocrate à celui de républicain. Il envisage sérieusement de se présenter à l'investiture républicaine pour l'élection présidentielle de 2012. En mai 2011, il abandonne cette intention, mais déclare : « Je crois fermement que si je m'étais présenté, j'aurais gagné les primaires et éventuellement l'élection générale[10]. » En 2012, Trump soutient publiquement le candidat républicain à la présidence, Mitt Romney. Romney perd l'élection face au démocrate Barack Obama.

Si ce n'est pas en 2012, ce sera en 2016. L'accession de Trump à la présidence n'est, pour la Russie, qu'une question de temps, c'est pourquoi il est nécessaire de s'approprier Trump, d'autant plus que Trump lui-même n'y est pas opposé. En janvier 2013, des rumeurs filtrent dans la presse américaine selon lesquelles Trump envisage d'acheter le *New York Times*[11].

Tout le monde aux États-Unis pense qu'il s'agit d'une plaisanterie déplacée, car l'homme d'affaires en faillite ne semble pas avoir l'argent nécessaire pour cet achat coûteux. Mais la fuite d'informations n'a rien d'une blague. Trump envisageait bien d'acheter le principal journal américain avec de l'argent russe, qui devait devenir le principal canal d'information au service de sa campagne présidentielle de 2016. Mais en 2013, le projet ne s'est pas fait.

Moscou y revient après la victoire de Trump à l'élection présidentielle, lorsque les principaux médias et journaux américains critiquent Trump au sujet des soupçons d'ingérence russe dans l'élection américaine et du refus de ce dernier de reconnaître cette ingérence. En janvier 2017, le Kremlin invite des « oligarques » russes à envisager et à mettre en œuvre un projet d'achat du *New York Times*, estimant qu'il s'agit du moyen le plus facile, le plus rapide et le moins cher d'étouffer les critiques à l'encontre de Trump.

Mais revenons à 2013. Trump décide d'organiser le concours Miss Univers 2013 en Russie. Pour le futur candidat à la présidence des États-Unis il s'agit d'une décision politique et financière mûrement réfléchie. Trump essaie de jeter des ponts vers son nouvel allié stratégique, Poutine. Le concours Miss Univers est l'un d'eux.

La décision finale a été prise à la mi-juin 2013 à Las Vegas lors d'une réunion entre Trump, le sponsor milliardaire russe Aras Agalarov et toute sa famille, y compris le futur animateur Emin, le fils d'Aras[12]. Du côté américain, le producteur de musique Rob Goldston, qui était responsable de l'organisation du concours à Moscou, était présent.

Dès le lendemain, Trump cherche à rencontrer Poutine. Le 18 juin 2013, le candidat républicain à la présidence tweete : « Pensez-vous que Poutine viendra au concours de Miss Univers en novembre à Moscou ? Si c'est le cas, lui et moi deviendrons-nous les meilleurs amis[13] ? » Il s'agissait d'un appel calculé aux yeux et aux oreilles de Poutine pour qu'il rencontre Trump.

Aras Agalarov se souvient que Trump était absolument obsédé par l'idée de rencontrer Poutine en novembre, et Agalarov, bien sûr, lui a promis une rencontre. En octobre, Trump fait de nouveau intervenir Agalarov, qui appelle quelqu'un, probablement le porte-parole de Poutine, Dmitri Peskov, et essaie de nouveau d'organiser une rencontre en novembre entre Poutine et Trump[14].

Poutine entend Trump. Le 29 octobre 2013, quelques semaines seulement après ses appels, Poutine décerne personnellement l'ordre de l'Honneur à Agalarov. Agalarov n'a rendu aucun service au pays, si ce n'est qu'il a rencontré Trump et a financé le concours de Miss Univers, dont une partie du budget est allée dans la poche de Trump. Mais à cette époque, Trump avait « lâché » dans l'une de ses interviews télévisées, lors de l'émission de David Letterman le 17 octobre 2013, que Poutine était un « dur à cuire » et qu'il avait « rencontré Poutine une fois auparavant[15] ».

Si Trump a vraiment rencontré Poutine, la réunion est restée totalement secrète et n'a été divulguée à personne, pas plus que le contenu de leur conversation ou les accords conclus. En revanche, il est de notoriété publique que Trump a écrit une lettre à Poutine pour l'inviter à assister au concours, laissant entendre que ce serait l'occasion de voir de belles filles. Mais Poutine n'est pas venu et n'a pas rencontré Trump. Il lui a envoyé un cadeau et une lettre. Alors Poutine a-t-il rencontré Trump à ce moment-là ou non ?

Les 9 et 10 novembre, Agalarov organise avec Trump le concours Miss Univers à l'hôtel de ville Crocus, près de Moscou, dont Agalarov est propriétaire. Trump reçoit 12,2 millions de dollars pour participer au concours, ce qui l'enchante : « Quand j'étais en Russie avec le concours Miss Univers, [Poutine] m'a contacté et a été très amical. Je veux dire que tout le peuple russe nous a reçus fantastiquement bien[16]. »

Herman Gref, qui a occupé plusieurs postes gouvernementaux de haut niveau au cours des années précédentes, notamment à la tête de la banque russe Sberbank, a organisé une rencontre entre Trump et une douzaine de grands hommes d'affaires russes. « Je l'appelle "mon week-end à Moscou" », se souvient Trump en septembre 2015 à propos de son voyage. « J'ai côtoyé des personnes de très haut rang : des oligarques et des généraux, les plus hautes sphères du gouvernement. Je ne peux pas entrer dans les détails, mais je dirai que j'ai rencontré les personnes les plus importantes et que l'attitude [à mon égard] était extraordinaire. »

« J'ai vraiment développé une relation [avec Poutine] et je peux vous dire qu'il est très intéressé par ce que nous faisons ici maintenant. Il est probablement aussi très intéressé par ce dont vous et moi discutons aujourd'hui, et je suis sûr qu'il verra tout cela d'une manière ou d'une autre. Mais j'ai un lien avec lui, et je pense que c'est très intéressant de voir où ça va aller. Je veux dire, regardez, il a fait un travail assez brillant concernant ce qu'il représente et qui il représente. Si vous regardez ce qu'il a fait en Syrie, si vous regardez d'autres choses, alors, ne nous leurrons pas, il bat vraiment notre Président [Obama][17]. » Il s'avère que non seulement Trump a traité Poutine avec respect, mais que Poutine a fait de même à son égard. C'est du moins ce qui ressort des propos de Trump lors de la campagne présidentielle de juin 2016 : « Il a dit quelque chose de spécial à mon sujet. Il a dit que j'étais un génie[18] ». Court et modeste.

Le 11 novembre 2013, Trump et ses partenaires de construction de SoHo, Alex Sapir et Rotem Rosen, rencontrent Aras Agalarov pour discuter de projets de construction potentiels. Ils discutent de la construction d'un hôtel à Moscou. « Le marché russe s'intéresse à moi. J'ai d'excellentes relations avec de nombreux Russes, et presque tous les oligarques étaient présents », a déclaré Trump dans une interview accordée à *Real Estate Weekly* le 12 novembre, à son retour de Russie[19].

Comme on le sait, aucun de ces projets ne s'est réalisé. Néanmoins, Trump est très satisfait de son voyage en Russie et, le 12 novembre, il remercie personnellement la famille Agalarov sur Twitter :

« J'ai passé un merveilleux week-end avec vous et votre famille. Vous avez fait un travail fantastique. Trump Tower-Moscou est la prochaine étape. Emin, c'était wow ! » « Nous avons passé un très bon moment », répond Emin, le fils d'Agalarov, au futur Président américain, qui vient de passer deux nuits dans un hôtel près de Moscou. « Trump Tower Moscou – Faisons-le ! »

Ils ne l'ont pas fait. Ils ont fait autre chose : en juin 2015, Trump annonce officiellement qu'il se présente à l'investiture du Parti républicain pour l'élection présidentielle. À ce moment-là, Rybolovlev comprend que son heure de gloire est arrivée. Il va pouvoir récupérer les 95 millions de dollars qu'il a investis dans Trump en 2008, avec les intérêts.

# 5.

# Yves Bouvier et les ports francs

À cette époque, la position de Rybolovlev en Russie et à l'étranger s'est considérablement renforcée. En juin 2010, Rybolovlev a vendu sa participation dans Uralkali à l'oligarque Souleïman Kerimov pour des milliards de dollars. Le 22 mai 2012 Troutnev, partenaire de Rybolovlev, a été nommé conseiller du président Poutine et a ainsi cédé son mandat de député à la Douma d'État à son compatriote A. G. Lomakine, un milliardaire qui a fait fortune dans la vente d'engrais potassiques. Le 31 août 2013, Troutnev est également devenu vice-premier ministre de Russie et envoyé plénipotentiaire du président russe dans le district fédéral d'Extrême-Orient.

Ezoubtchenko, qui a été chef adjoint de l'administration présidentielle (AP) de la Fédération de Russie de 2005 à 2011, devient directeur adjoint du FSB de 2018 à 2020, puis chef par intérim du service de sécurité économique du FSB de 2020 à 2021 et, en 2021, premier chef adjoint du département de sécurité du FSB et chef de cabinet adjoint du Conseil de sécurité de la Fédération de Russie.

Au début des années 2000, Rybolovlev, Troutnev et Ezoubtchenko sont obsédés par une idée géniale : la création de leur propre port franc – un port franc est une zone exonérée d'impôts pour le stockage et le commerce des diamants et, plus généralement, d'à peu près tout : or, armes, n'importe quoi – qui leur permettrait de contourner le système bancaire SWIFT.

Lors de leur première visite à Monaco, Troutnev et Rybolovlev envisagent d'y ouvrir un port franc. Il ne semble pas difficile d'y établir un port franc, Rybolovlev s'est installé sur place et a acquis des relations haut placées. Mais Rybolovlev estime qu'il doit s'adresser aux personnalités les plus influentes, non aux seconds couteaux. Il lui faut chaque fois se rapprocher des plus hautes sphères de l'État : du président russe, du premier ministre anglais Tony Blair (lors d'une vente aux enchères où Tony Blair était présent, Rybolovlev achète un lot pour attirer son attention, puis engage le frère de Tony Blair comme avocat), comme il avait déjà, en Amérique, acheté la villa de Trump.

Afin de se rapprocher du prince Albert II de Monaco, ayant accédé aux responsabilités en avril 2005, et en même temps accélérer l'obtention de sa citoyenneté monégasque, Rybolovlev achète, en décembre 2011, 66,7 % du club de football de l'AS Monaco, propriété de la famille régnante des Grimaldi. Le club est acheté par l'intermédiaire du Zeus Trust, géré par Andreas Neocleous du cabinet d'avocats Andreas Neocleous & Co LLC[1], spécialisé dans les trusts internationaux. Rybolovlev étant le client le plus célèbre du cabinet.

Le prince de Monaco conserve un tiers de la propriété du club. Le montant de la transaction n'est pas divulgué pour la bonne raison qu'il n'y avait rien à révéler. Rybolovlev a acheté le club pour 1 euro symbolique, mais s'est engagé à investir au moins 100 millions d'euros. En fait, au fil des ans, il a investi beaucoup plus, jusqu'à 300 millions, achetant plusieurs joueurs et transformant un club moribond en équipe prospère. Le football est le sport favori du prince de Monaco et Albert II, Rybolovlev et sa fille Ekaterina, qui assistent régulièrement matchs, se rencontrent dans les tribunes plusieurs fois par an. Cet investissement sert de tremplin à Rybolovlev pour nouer des liens avec la famille royale et des contacts étroits avec des ministres, des députés et des fonctionnaires de police, qui lui fournissent des informations privilégiées et rédigent même des projets de loi favorables à ses intérêts.

Les rencontres avec le Prince Albert ont également lieu en dehors du stade. En juin 2014, Albert II rend visite à Rybolovlev pour célébrer l'anniversaire de sa fille Ekaterina sur l'île grecque de Skorpios, propriété du milliardaire[2].

En juillet 2014, à Rio de Janeiro, Albert II visite la villa louée par Rybolovlev pour la Coupe du monde de football au Brésil. En août 2016, il passe une journée à bord du yacht de Rybolovlev ancré en Méditerranée, au large de la Corse. En 2017, il passe des vacances dans la propriété de Rybolovlev à Majorque. En août 2021, le yacht de Rybolovlev remporte la Rolex Fastnet Race et, en septembre, celui-ci remet le trophée au Prince Albert II. Ce dernier est invité à assister à la fête d'anniversaire de Rybolovlev en Namibie en novembre 2021, mais ne peut s'y rendre pour des raisons personnelles. En septembre 2022, le Prince

Albert II inaugure un nouveau complexe sportif avec la fille de Rybolovlev, Ekaterina, et son mari Juan Sartori[3].

Les « amis » de Rybolovlev à Monaco accèdent à des postes clés : Régis Asso devient chef de la police de la Principauté, Philippe Narmino, ministre de la Justice et Paul Masseron (qui, en février 2011, a reçu en cadeau de Rybolovlev des bouteilles d'alcool d'une valeur de plusieurs milliers d'euros, ce qui dépassait les limites autorisées par la loi sur les cadeaux) est nommé ministre de l'Intérieur. Peu de temps après, Rybolovlev se voit accorder un permis de séjour à Monaco. Le 4 avril 2015, Masseron se retire de son poste et rejoint l'AS Monaco en tant que « conseiller » de Rybolovlev[4].

Avec de telles relations, le port franc monégasque semblait à portée de main. Mais lorsque le projet est présenté aux autorités monégasques, celles-ci l'examinent à la loupe et décident de le lancer elles-mêmes, sans Rybolovlev. Le port franc de Monaco a donc bien été ouvert, mais avec l'argent de l'État monégasque, et Rybolovlev et Troutnev n'y sont pour rien. Un autre initiateur du projet, l'homme d'affaires Yves Bouvier, a également été écarté.

Le fait est que l'idée de créer des ports francs n'appartient ni à Rybolovlev, ni à Troutnev, ni même à Poutine, mais à l'homme d'affaires suisse Yves Bouvier, qui avait déjà créé un tel « port » à Genève. En fait, le tout premier port franc a été créé à Genève en 1888. Mais Bouvier, qui a reçu de son père en 1997 la société de transport Natural Le Coultre, que celui-ci avait acquise en 1982, a été le premier à le faire servir au transport et au stockage d'œuvres d'art et autres objets de valeur. Au fil du temps, Bouvier prendra en charge non seulement le transport et le stockage mais l'ensemble des activités liées à l'acquisition et à la vente d'œuvres.

Les marchands d'art ont pour mission de vendre des œuvres d'art à des personnes physiques ou morales, et notamment d'effectuer des transactions financières. « J'ai vu comment les marchands travaillaient, se souvient M. Bouvier. Avec un bon réseau et du savoir-faire, ils pouvaient faire fortune sur une seule vente. Je n'étais pas plus bête qu'un autre et j'avais la confiance de tout le monde. Et je me suis dit que ce métier était beaucoup plus rentable que le transport. »

Cependant, le port franc de Genève, dont 40 % des actifs sont constitués d'œuvres d'art d'une valeur de 100 milliards de dollars, n'est pas la propriété de Bouvier. Sa société, Natural Le Coultre, loue simplement 20 000 mètres carrés d'espace dans le port (sur 130 000 mètres carrés de surface totale) et est considérée comme étant propriétaire de 5 % du « port », 85 % appartenant au canton de Genève, où cette société a été créée, et 10 % à d'autres déposants. Le « port » est soumis au droit suisse qui, au fil du temps, est devenu de moins en moins profitable aux clients cherchant à éviter l'impôt. Enfin, il est trop cher. Un client doit débourser 1 000 dollars par mois pour entreposer un tableau de taille moyenne. Le loyer mensuel d'une petite pièce va de 5 000 à 12 000 dollars.

Rybolovlev a rencontré Bouvier en août 2002, au port franc de Genève, alors qu'il venait chercher son premier tableau, *Le Cirque* de Marc Chagall qu'il avait acheté pour 6 millions d'euros à quelqu'un d'autre que Bouvier. À cette époque, Bouvier est déjà bien connu dans le cercle étroit des personnes appartenant au monde des marchands d'œuvres d'art. « Rybolovlev était tendu, se souviendra plus tard Bouvier. Il n'avait pas reçu de certificat d'authenticité pour le tableau. Il avait peur d'avoir été trompé. J'ai fait le nécessaire pour lui. »

Mais ce n'est pas en tant que marchand d'art, ce qu'il n'était pas au sens propre du terme, que Bouvier intéressait Rybolovlev. C'est son activité dans les ports francs qui intéressait le milliardaire, lequel voyait en lui un potentiel partenaire pouvant lui permettre d'étendre le réseau des ports francs déjà existants en y incluant Vladivostok, sur lequel Troutnev exerçait sa mainmise. Pour ce faire, Rybolovlev devait se lier d'amitié avec Bouvier et en faire son homme. Du point de vue de Rybolovlev, il s'agissait d'un projet purement commercial impliquant de grosses sommes d'argent. Pour Bouvier, Rybolovlev n'était qu'un client, un client très riche, pesant des centaines de millions de dollars.

Bouvier retient notre attention pour deux raisons. D'abord parce qu'il est devenu le marchand d'art de Rybolovlev. Cet aspect de sa vie a longtemps été gardé secret par Rybolovlev et lui. Bouvier ne souhaitait pas qu'on révèle ses liens avec un client immensément riche ; quant à Rybolovlev, il préférait que l'on ne s'intéresse pas de trop près aux raisons pour lesquelles il investissait dans l'art.

Rybolovlev n'était pas un acheteur ordinaire. Un véritable collectionneur d'art ne se fie jamais à un seul marchand ou courtier. Il engage également un expert spécialisé qu'il consulte et en qui il a confiance. Il assiste physiquement ou virtuellement à de nombreuses ventes aux enchères. Il prend une part active à la sélection des tableaux. Rybolovlev, lui, faisait tout par l'intermédiaire de Bouvier et, selon ce dernier, il lui fallait à peine deux minutes pour décider d'acheter un tableau. Rybolovlev n'était pas intéressé par la peinture, et il avait d'autres problèmes à résoudre, loin du monde de l'art.

« Dans ma vie, j'investirai dans trois domaines : la bourse, l'immobilier et les objets d'art, car c'est là que le prix augmente toujours avec le temps. Avec les tableaux, en cas de problème, j'ai aussi pour avantage de pouvoir les prendre avec moi dans l'avion et partir avec », a-t-il ainsi déclaré.

Rybolovlev décidait généralement d'acheter une œuvre à partir d'une simple photographie, comme Bouvier semble le penser. Bouvier lui montrait trois photographies de trois chefs-d'œuvre différents, et Rybolovlev choisissait la photo de meilleure qualité, celle où l'on pouvait mieux voir la peinture. Parfois, les photographies des œuvres sélectionnées étaient imprimées grandeur nature pour être essayées sur les murs (sur lesquels les tableaux ne seront jamais accrochés). Bouvier a déclaré qu'il ne connaissait aucun client qui n'ait pas regardé un tableau original ou envoyé un conservateur de musée avant de l'acheter, et qui ait fondé son achat sur une simple photographie.

En général, lorsqu'il s'agit de centaines de millions de dollars, un collectionneur ne prend pas de décision précipitée. Il en allait différemment avec Rybolovlev. Bouvier amenait Rybolovlev devant un chef-d'œuvre, Rybolovlev lui demandait : « Combien ? » Bouvier indiquait un prix. Rybolovlev répondait : « D'accord. Pour le reste, discutez-en avec Sazonov. » L'affaire était conclue en cinq minutes et, en règle générale, on n'y revenait pas.

Rybolovlev n'a lui-même signé aucun document financier. Tout a été fait par l'intermédiaire de Mikhaïl Sazonov. Ce dernier avait été employé par le service fédéral russe des impôts avant de rejoindre Uralkali, la société de Rybolovlev. Ce dernier pensait que Sazonov avait été placé à ses côtés par Ezoubtchenko par l'intermédiaire du FSB. Bouvier pensait la même chose. Le service fiscal russe étant sous la juridiction du KGB/FSB, la coopération de Sazonov avec la Sécurité d'État semble naturelle.

M. Sazonov a occupé divers postes au sein d'Uralkali. Il a été P.-D.G. d'Uralkali Trading Gibraltar (2007) et directeur d'Uralkali Trading SA (juillet 2005-septembre 2010). Mais il a également assumé tous les risques liés à d'éventuelles irrégularités financières ou fiscales. Il était administrateur de nombreux de fiducies et de sociétés appartenant à Rybolovlev : Philodice Holding Limited (Chypre), Xitrans Finance Ltd. (îles Vierges britanniques), Bovingdon Holding Limited (Chypre), Ribovax, Biotechnologies SA (Suisse), White Garden SA (Suisse), Destrieto Investment SA (Panama). Il a également été président de la société de Rybolovlev, Aquagem Investment SA (Panama), et directeur général de Xigen SA (Suisse).

Sazonov était le seul à avoir le pouvoir de signer de manière indépendante, le seul à contrôler les flux financiers.

Toutes les communications entre Sazonov et Rybolovlev étaient verbales (Rybolovlev n'avait même pas de boîte mail personnelle et utilisait rarement la communication électronique). L'adresse électronique de Sazonov était utilisée pour les correspondances de Rybolovlev. Dans les contrats portant sur des tableaux achetés à Bouvier, Sazonov figurait en tant qu'acheteur final. « Si Sazonov avait dit : "Écoutez, j'ai besoin de 5 % pour tout ce qui se passe", j'aurais donné. Mais il n'a jamais rien demandé. Parce que ce serait trop d'argent », a déclaré Bouvier.

Sazonov avait très peur de Rybolovlev, une peur bleue, car il savait exactement ce qu'il faisait, et il se rendait compte qu'il était dangereux. Mais Rybolovlev se méfiait aussi de Sazonov, un homme qui ne regardait jamais son interlocuteur dans les yeux, parce qu'il travaillait depuis trop longtemps pour lui et qu'il était au courant de toutes ses transactions financières. « Sazonov était un homme très érudit, se souvient Bouvier. Il possédait une énorme bibliothèque de livres qu'il lisait du matin au soir. Un jour, je lui ai demandé de me recommander des ouvrages sérieux sur la Chine. Le lendemain, Sazonov m'a envoyé une liste de 30 livres. »

Mes tentatives pour rencontrer le citoyen russe, Mikhaïl Sazonov, né en 1971 et vivant en France, mais non loin de Genève, ont été infructueuses, et c'est compréhensible : Sazonov était en effet le maillon faible de la chaîne financière. Il connaissait parfaitement les flux financiers de Rybolovlev, car il avait rédigé et signé tous les documents financiers.

J'ai joint Sazonov depuis Genève le 3 juin 2018. Nous avons parlé pendant 22 minutes. Sazonov m'a dit que cela faisait deux ans qu'il ne travaillait plus avec Rybolovlev, qu'il n'avait jamais donné d'interview à qui que ce soit et qu'il ne dirait rien. Il a passé un long moment à me demander comment j'avais obtenu son numéro de téléphone portable. Je lui ai dit que je ne l'avais pas obtenu de Bouvier, ce qui était vrai. J'ai essayé de le persuader d'accepter de me rencontrer ; je lui ai dit en détail ce qui m'intéressait à propos de Rybolovlev, sans rien cacher ; je lui ai donné les grandes lignes de mon projet de publication ; à sa demande, je lui ai envoyé une liste de questions et j'ai reçu la réponse suivante : « Je ne sais rien de la plupart des sujets sur lesquels vous m'avez interrogé. Je n'ai donc rien à vous dire et je ne vois pas l'intérêt de notre rencontre ». Mes tentatives de communication avec Sazonov se sont arrêtées là, même si ce qu'il avait répondu n'était pas vrai.

Les achats étaient réalisés avec beaucoup de précaution. Chaque fois que Bouvier rencontrait Rybolovlev, il signait un document de non-divulgation. Les paiements étaient effectués sur le compte de MEI Invest Limited, une société de Hong Kong appartenant à Bouvier. Le propriétaire des œuvres n'était jamais mentionné (l'une des principales règles de tout marchand d'art est de ne pas révéler l'origine des biens). Après l'achat, les droits de propriété étaient enregistrés au nom d'entités enregistrées aux îles Vierges (Xitrans Finance, puis Accent Delight). Aucun contrat n'était signé. Outre le montant des œuvres, le vendeur (Bouvier) adressait à l'acheteur (Rybolovlev) des factures pour « divers services et diligences liés à l'acquisition » : transport, assurance, expertise, délivrance du certificat de propriété, etc. Le montant de ces frais s'élevait à 2 % de la valeur des œuvres.

Il est bien connu que Rybolovlev n'a jamais accroché un seul des tableaux qu'il a achetés au mur de l'une de ses maisons. Et il y en a eu beaucoup. À Monaco, la Villa Hermosa 9 Boulevard de Suisse (vendue en 2010) et La Belle Époque au 15-17 Avenue d'Ostende (achetée en 2010 pour 308 millions de dollars) ; à Genève, une villa au 24 Chemin des Princes, achetée en 2002 et vendue en 2015 à cause du scandale Bouvier ; deux chalets dans la station de montagne suisse de Gstaad, à l'Alpinastrasse 23, achetés en 2013 pour 260 millions de dollars ; un penthouse à New York, au 15 Central Park West, acheté en 2012 88 millions de dollars pour sa fille Catherine (l'appartement de 10 pièces avait une surface habitable de 622 $m^2$ et une terrasse 185 $m^2$) ; une propriété sur la plage à Hawaï, achetée en décembre 2011 pour 20 millions de dollars ; un penthouse au 20 Grosvenor Square à Londres, acheté en 2022, après le début de la deuxième invasion de l'Ukraine par la Russie, pour 50,5 millions de livres sterling ; une villa à Saint-Tropez achetée pour 60 millions d'euros ; un hôtel particulier jouxtant le palais de l'Élysée, résidence présidentielle ayant appartenu à la dernière impératrice française Eugénie, épouse de Napoléon III, dans le 8e arrondissement de Paris, acheté en 2008 pour 21,5 millions d'euros, vendu en novembre 2020 ; un bien immobilier sur le Palm Jumeirah, archipel artificiel de Dubaï, acheté pour 29,5 millions de dollars.

Enfin, l'île de Skorpios, d'une superficie de 300 000 $m^2$, achetée en avril 2013 à Athina Onassis, petite-fille du magnat grec Aristote Onassis. L'île elle-même a coûté à Rybolovlev 154 millions d'euros avec des investissements supplémentaires d'un montant total de 184 millions d'euros. L'île est devenue un lieu de villégiature privé de luxe, permettant même d'amarrer discrètement des sous-marins, qui étaient utilisés, selon les gardes de sécurité, pour organiser des réunions secrètes de hauts fonctionnaires.

Les œuvres d'art achetées par Rybolovlev ne sont exposées nulle part dans ses propriétés, pas même *Le Sauveur du monde* de Vinci. En fait, aucun des visiteurs des nombreuses propriétés de Rybolovlev n'a jamais vu de tableaux dans ses maisons. Se pourrait-il que ces tableaux n'aient jamais appartenu à Rybolovlev et que ce soit pour cette raison qu'il n'a pas voulu ou qu'il n'a pas eu le droit de les accrocher ?

Un jour, il a vu dans la maison d'un homme d'affaires américain de New York, également impliqué dans le commerce de la potasse, le tableau *Les Nymphéas* de Claude Monet. Il a alors demandé à Bouvier de lui acheter deux tableaux similaires (Monet a peint de nombreuses *Nymphéas*), et de la même taille, afin de rehausser son statut aux yeux de son partenaire américain. Mais il n'a pas accroché ces tableaux.

Lors de la discussion sur la construction d'une nouvelle maison, qui n'a finalement jamais été lancée, Rybolovlev a demandé à l'architecte de la concevoir en tenant compte des tableaux qu'il prévoyait d'accrocher aux murs. Bouvier, qui participait à la discussion, a plaisanté : « Faites beaucoup de murs vides pour pouvoir accrocher beaucoup de tableaux. »

En août 2003, un an après avoir rencontré Rybolovlev, Bouvier lui vend son premier tableau, *Paysage avec un olivier* de Vincent van Gogh, provenant de la collection de Pierre Bergé et d'Yves Saint-Laurent. Rybolovlev le paie 17 millions de dollars. Cette première vente s'est avérée infructueuse.

Bouvier avait d'autres clients, y compris des Russes, qui lui rapportaient de bons bénéfices. Dans le monde de l'art, les accords sont généralement conclus verbalement. Lorsqu'un prix est négocié et que les parties se mettent d'accord, cela signifie que, même sans papier signé, le vendeur est obligé de vendre le tableau au prix convenu et l'acheteur est obligé de l'acheter. L'accord écrit se base ensuite sur cet accord oral.

Bouvier propose donc à Rybolovlev le Van Gogh pour 20 millions de dollars, ce que Rybolovlev accepte (comme en témoigne leur correspondance). Mais Rybolovlev demande un délai de paiement. Il n'a pas d'argent à dépenser à l'époque. Les Van Gogh ne courent pas les rues, et pendant que Bouvier attend le paiement, un autre client lui propose d'acheter le tableau pour le même prix. Au même moment, Sotheby's propose d'acheter le tableau pour un montant garanti de 17 millions de dollars, plus une prime pour une future vente aux enchères, ce qui pourrait signifier un bénéfice de plus de 20 millions de dollars, en fonction du résultat de la vente aux enchères. Rybolovlev réitère son offre à 20 millions de dollars, mais demande de nouveau un délai.

Bouvier prend un risque. Il refuse Sotheby's et le second client qui proposait 20 millions de dollars et attend patiemment la décision de Rybolovlev, qui finalement lui offre

17 millions de dollars pour le tableau et impose un délai de grâce de trois mois. Comme Bouvier a déjà refusé les autres acheteurs potentiels, il est contraint d'accepter l'offre de Rybolovlev.

C'est une bonne leçon. Les transactions suivantes de Bouvier ont été gérées différemment. Il a fixé un prix et ne l'a plus jamais revu à la baisse. À quatre reprises, après que Rybolovlev a refusé d'accepter son prix, Bouvier a vendu les tableaux à d'autres acheteurs pour un montant supérieur au prix proposé à Rybolovlev. Reste à savoir si c'est une coïncidence que Rybolovlev ait ramené le prix de 20 millions de dollars à 17 millions de dollars, c'est-à-dire au prix proposé par Sotheby's, ou si quelqu'un a informé Rybolovlev de ce prix et du fait que Bouvier avait déjà refusé tous les autres acheteurs potentiels. Bouvier n'a pas d'argent à perdre à l'époque et ne peut pas se permettre de conserver trop longtemps un tableau qu'il a déjà acheté. En vendant le tableau pour 17 millions de dollars, Bouvier a, dans tous les cas, tiré profit de cette transaction.

Il y avait une autre considération. Bouvier, psychologue subtil (et c'était le cas), s'était rendu compte qu'il avait affaire à un nouveau client très riche désireux de constituer sa collection. Dans ce cas, il n'y a rien de grave à gagner moins sur la première affaire, parce que le travail avec ce nouveau client peut continuer et que l'on gagnera sur les ventes suivantes. C'est ce qui s'est passé, et Bouvier n'a jamais accepté de baisser le prix. Tout ce que Rybolovlev a pu négocier, c'est un paiement échelonné pour les tableaux qu'il a achetés.

Ce n'est pas une coïncidence si, en 2004, peu après avoir vendu son premier tableau à Rybolovlev, Bouvier réussit à organiser une foire de l'art à Moscou. Le co-sponsor de cet événement est Elena Rybolovleva. En 2005, la foire de Bouvier est bénie par le Patriarche. Environ 50 000 personnes y assistent. Au fil du temps, Bouvier rencontre tous les ministres du gouvernement russe et les dirigeants des partis politiques, les oligarques et des membres de la banque Alfa. Ses événements sont largement couverts par la presse et la télévision. Un jour, il a même « privatisé le Kremlin » en réunissant 30 oligarques lors d'une soirée, dans une seule salle, ce qui a amené les autorités moscovites à bloquer la route devant la place du Manège et la rue Tverskaïa.

Pour sa contribution à la culture russe, Bouvier reçoit la médaille Pouchkine des mains du président Dmitri Medvedev, puis la médaille des Beaux-Arts. À Paris, il rencontre l'ambassadeur de Russie. Comme tous les étrangers importants sont surveillés en Russie, il se sait scruté par les autorités russes et est reconnu comme un ami de la Russie, contribuant ainsi à l'amélioration du climat d'investissement. Avec un partenaire impliqué dans le transport de métaux précieux pour Alrosa, Bouvier crée une société de transport en Russie. Il loue un dépôt sous la cathédrale du Christ-Sauveur, la plus grande de Russie : « Il n'y avait pas d'endroit plus sûr », dit-il en riant. Son bureau se trouve sur la place du Manège. Sur sa carte de visite, on peut lire : Place du Manège, N° 1. Il apporte en Russie des œuvres d'art d'une valeur de deux milliards de dollars pour les vendre. Et tout cela sans connaître le russe, sans partenaires russes (à l'exception d'un associé dans une société de transport) et sans verser un seul pot-de-vin pendant toutes ces années.

« C'était une époque particulière, a-t-il déclaré. En 2004-2008, pour les étrangers, la Russie était l'endroit où il fallait venir, où il fallait être, parce que les plus grandes fêtes y étaient organisées. Tout s'y passait. Mais d'un point de vue administratif, c'était de plus en plus difficile chaque année. En 2004, il fallait un timbre. En 2008, il en fallait quatre. Je pensais que la Russie s'ouvrirait et ferait partie de la grande Europe. Mais j'ai commencé à remarquer qu'elle se fermait peu à peu. Et tout s'est transformé en migraine. Il ne reste rien d'autre qu'une grosse migraine. Quand on fait toutes ces expositions, quand on organise des événements, on a une certaine responsabilité. Vous n'avez pas le droit à l'erreur. Vous vous faites beaucoup de cheveux gris. Et en 2008, j'ai arrêté tout cela. »

À cette époque, la nature de la relation entre Rybolovlev et Bouvier avait changé. Jusqu'en 2007, Bouvier était un prestataire de services, un homme qui vendait des tableaux au milliardaire russe. Mais en 2007, Rybolovlev commence à avoir de sérieux problèmes avec sa femme, qui se sont terminés par le dépôt par Elena des documents de divorce à Genève le 22 décembre 2008, que la presse internationale a ensuite qualifié de divorce le plus cher et le plus scandaleux de l'histoire. Elena était notamment prête à partager la moitié de l'argent qu'elle aurait reçu avec l'ennemi personnel de son mari, Igor Setchine, si ce dernier acceptait de l'aider à signer un accord qui lui soit favorable, ce que Rybolovlev refusait. On ne sait pas si Setchine et Elena se sont rencontrés, mais on sait qu'elle a tout fait pour que cette rencontre ait lieu. Quoi qu'il en soit, Setchine n'a pas pris le risque d'intervenir dans cette affaire, et Rybolovlev a déclaré qu'il ne pardonnerait jamais à sa femme une telle trahison.

Sans entrer dans le détail des raisons de ce divorce, notons que le proverbe français « cherchez la femme » explique très probablement ce qui s'est passé. Rybolovlev s'intéressait aux filles, et cela se savait. Poutine lui a même conseillé d'investir dans la restauration d'un monastère et d'y ouvrir un monastère de jeunes filles, ce à quoi Rybolovlev a répondu en plaisantant qu'il aimerait être enterré dans un cimetière de jeunes filles afin d'être plus proche d'elles dans l'autre monde. Rybolovlev ne croit ni en Dieu ni au diable, c'est un athée convaincu, mais il est superstitieux. Il donne donc de l'argent à l'Église, il fait bénir ses maisons et son yacht, il fait appel aux services de chamans…

À Monaco, Rybolovlev décide d'ouvrir une école de ballet pour les enfants, y compris ceux venant de Russie. L'école est supervisée par l'avocate de Rybolovlev, Tetiana Bersheda, une Ukraino-Suisse vivant à Monaco. Née le 24 avril 1984, Tetiana Bersheda est la fille d'Eugène Bershedy, homme politique, personnalité publique et diplomate ukrainien dont le poste le plus élevé a été celui d'ambassadeur d'Ukraine en Suisse. Poste dont il a démissionné en mai 2010, peut-être en raison de soupçons selon lesquels il aurait été recruté par les services de renseignement militaire russes (GRU).

Tetiana Bersheda a étudié à l'Université de Fribourg (Suisse) et à l'Université de Cambridge (Angleterre). Elle est membre du barreau de Genève et dirige son propre cabinet d'avocats, Bersheda Law, avec des succursales à Lausanne (1 rue du Grand-Chêne), Genève (Rue Rodolphe-Toepffer 8) et Londres (1 Knightsbridge Green). Elle commence à travailler pour Rybolovlev en tant qu'avocate personnelle en 2009 et devient sa proche collaboratrice, traductrice et confidente, siégeant au conseil d'administration du club de football AS Monaco et de Monaco Sports Invest (MSI), la société par l'intermédiaire de laquelle Rybolovlev gère l'entreprise.

Elle s'occupe également des affaires juridiques du bureau de la famille Rybolovlev à Monaco (Rigmora Holdings Ltd.), qui compte une vingtaine d'employés.

Du côté russe, Troutnev, dont la vie privée soulève quelques questions, participe à l'organisation de l'école de ballet à Monaco. Sa troisième femme, Natalia Sergueïevna Petrova, qu'il a épousée en 2006, est exceptionnellement jeune. Rybolovlev a déclaré que lorsqu'elle a rencontré Troutnev (qui avait 50 ans en 2006), elle en avait environ 14 ou 15. Or, Natalia Sergueïevna Petrova est ballerine. Pendant un certain temps, Troutnev a mené une double vie : sa seconde épouse, Marina Lvovna Troutneva, et ses deux enfants (Alexander et Dmitri) restant à Perm, où elle tenait un magasin de vêtements, tandis que Troutnev et sa future (troisième) épouse vivaient à Moscou. Lorsqu'elle est tombée enceinte, Troutnev l'a emmené à Genève pour voir Rybolovlev, et c'est à Genève qu'elle a donné naissance à ses enfants. Quelques années plus tard, Troutnev a épousé Natalia. Il est resté en bons termes avec sa seconde femme et avec ses enfants.

Des fêtes avec des jeunes filles, y compris apparemment mineures, auraient été organisées sur le yacht de Rybolovlev. Certaines auraient même vécu sur le yacht. Rybolovlev les aurait soumises à des examens médicaux pour s'assurer qu'elles n'étaient pas malades. Il aurait affirmé que sa femme était au courant et qu'elle avait fermé les yeux pendant des années. Elena, elle, a affirmé devant le tribunal que les motifs du divorce étaient l'infidélité de son mari, en particulier le fait que celui-ci avait embarqué des filles à une « échelle industrielle » sur le « yacht familial ». Un soir, par hasard, Elena avait vu sur l'ordinateur de son mari des informations concernant les passeports des filles invitées, dont celle qui était à l'époque sa maîtresse. Quelques semaines après cette découverte, Elena avait déposé une demande de divorce car, lors de cette nuit fatidique, elle avait appris que son mari avait eu des relations sexuelles avec des mineures[5].

L'intrigue des filles vivant sur le yacht a sa propre histoire. En 1999, Vadim Vasilyev, un homme au parcours intéressant, devient directeur des exportations d'Uralkali. Il est né le 23 septembre 1965 dans une famille de diplomates russes. En 1987, il a obtenu un diplôme d'économie à la MGIMO, qui forme traditionnellement les diplomates et les agents des services spéciaux russes. De 1987 à 1990, Vasilyev a travaillé au ministère des Affaires étrangères de l'URSS. En 1987, peu après avoir obtenu son diplôme, il a été affecté à l'ambassade soviétique en Islande. En 1990, il est retourné à Moscou et a travaillé pendant un an au sein de l'appareil central du ministère des Affaires étrangères. Il est lié aux services de renseignement russes, mais on ne sait pas s'il est un agent des services de renseignement soviétiques.

En 1991-1992, alors que l'URSS s'effondre, Vasilyev quitte la fonction publique et travaille pour l'association nationale de commerce extérieur Potash VAO Agrokhimexport, dont le directeur est A. G. Lomakine. De 1993 à 1997, Vasilyev est vice-président de Transammonia AG et directeur de son bureau de représentation à Moscou, puis directeur des exportations à Uralkali. En 2002, il quitte ce poste pour diriger Point Model Management, une agence de mode enregistrée le 24 septembre 2001 à Moscou et située rue Bolshaïa Grouzinskaïa, appartement 1. La société existe au moins jusqu'à la fin de l'année 2014.

En Russie, les agences de mannequins constituaient une activité spécifique, fournissant des filles aux sociétés de mannequins, mais offrant également des services de prostitution d'élite à des personnes influentes. Ces agences ont toujours été étroitement surveillées et contrôlées par les services spéciaux, constituant l'outil le plus important pour créer, obtenir et utiliser les éléments nécessaires à un chantage ultérieur. Vasilyev a été le directeur général de l'agence de mannequins de 2002 à 2005. Les fondateurs de la société étaient Alexandre Chachkov et Maxime Zadoubrovski[6].

En 2005, la structure de l'actionnariat de l'agence de mannequins est la suivante : le Centre d'innovation et de technologie détient 70 % des actions et Zadoubrovski CJSC 30 %. Le 16 mars 2015, la structure de l'entreprise change : le Centre d'innovation et de technologie détient à présent 99 % et Tatiana Grigorieva, 1 %. Cependant, l'unique propriétaire du Centre d'innovation et de technologie, situé au 60 rue Bolshaïa Grouzinskaïa, Moscou, appartement 1 (l'adresse même où l'agence de mannequins est enregistrée), est Iouri Babitch, qui est également le directeur du bureau de représentation permanente d'Uralkali à Moscou.

Zadoubrovski a commencé sa carrière de mannequin auprès de Viatcheslav Zaïtsev, un créateur de mode très connu à l'époque, et est rapidement devenu le directeur de cette agence, qui faisait partie d'une autre agence de mannequins, Red Stars. L'agence Red Stars a été fondée par Vitali Leiba, l'un des dirigeants du groupe criminel organisé « Abkhaze », et par une société britannique, Arigon, appartenant à Semion Moguilevitch, agent de renseignement russe et cerveau criminel opérant principalement à partir de l'Autriche. Moguilevitch est l'un des principaux liens entre les services de renseignement soviétiques et le monde criminel en Russie et à l'étranger.

Au début des années 1990, alors que Leiba et Moguilevitch vivent en Hongrie, Reds Stars est dirigée par l'ancienne styliste soviétique Tatiana Koltsova. Elle est directement impliquée dans les opérations de Moguilevitch, notamment en ce qui concerne les importantes sommes d'argent provenant de la Banque centrale de Russie, le blanchiment d'argent et la prostitution d'élite en Europe occidentale, principalement en Allemagne et en France.

Zadoubrovski est le lien entre Leiba et l'agence de mode de Zaitsev. Cependant, en 1999, en raison de la détérioration de la réputation de Red Stars, Leiba fonde une autre agence de mannequins, President Model Management, dont Zadoubrovski devient le président. C'est par l'intermédiaire de cette agence que Rybolovlev a rencontré sa maîtresse Tatiana Dyagileva.

En 2001, Rybolovlev décide de créer sa propre agence de mannequins, Modus Vivendis, et engage des managers de President Model Management, dont Zadoubrovski, pour la diriger. En 2005, Elena Ermolaeva, une masseuse, est nommée directrice de l'agence. Rybolovlev est sensible et même très concerné par cette partie de ses affaires. C'est évident dans le fait, par exemple, que le 13 juillet 2015, Bersheda a signé un contrat d'un million de dollars par mois avec Peter Garske, chef d'Arcanum, une agence d'investigation privée basée à Londres, pour espionner sa maîtresse de l'époque, la mannequin d'élite Daria Strokous[7]. Les filles présentes sur le yacht qui ont provoqué la colère d'Elena Rybolovleva ne s'y trouvaient pas par hasard.

En raison des scandales entourant le divorce et l'enquête Setchine, Rybolovlev craint que le gouvernement suisse ne demande l'appui juridique du ministère public russe et qu'Elena ne saisisse ses biens, car elle pourrait vraisemblablement réclamer la moitié des biens acquis en commun. Et le patrimoine est important, comprenant notamment des tableaux.

En octobre 2004, Rybolovlev a acheté à Bouvier, pour 43,8 millions de dollars, *Les Noces de Pierrette* de Picasso, que Bouvier avait acquis auprès du marchand d'art de Manhattan William Aqua Vella. C'est alors que les ventes se mettent à augmenter. Tandis que Bouvier a vendu six chefs-d'œuvre à Rybolovlev entre 2003 et 2007, il en vend vingt-huit entre 2008 et 2013. En juin 2008, il lui vend pour 36 millions de dollars le tableau de Rothko *N° 1* (1949). La même année, il vend pour 25 millions d'euros, le tableau

*Joueur de flûte et femme nue* de Picasso acheté un jour plus tôt à Paris pour 3,5 millions d'euros.

À cette époque, un autre port franc commence à fonctionner : le « port » asiatique de Singapour. Bouvier a entamé sa construction en 2006. Fin 2008, la majeure partie de la construction est achevée, mais Bouvier prévoit de poursuivre le développement et l'expansion du « port ». En 2009-2010, Bouvier est impliqué dans diverses questions de procédure : le parlement national de Singapour doit adopter une loi autorisant l'ouverture d'un port franc – et l'adopte finalement. Le « port » aura coûté environ 100 millions de dollars à Bouvier.

Les clients qui ont visité les entrepôts de Bouvier dans ses ports francs de Genève, Luxembourg et Singapour ont été impressionnés par le sens de l'organisation et de l'ordre de l'homme d'affaires suisse, mais ils se sont aussi méfiés du luxe apparemment excessif de ses entrepôts. C'est ce qu'écrit Sam Knight dans son long article « The Bouvier Affair » paru dans le *New Yorker* :

« Un port franc offre peu d'avantages fiscaux par rapport à un entrepôt sous douane classique et n'offre guère de sécurité. Mais Bouvier a deux idées derrière son projet de Singapour. La première est que les ports francs seront une porte d'entrée pour le marché international de l'art, qui représente 60 milliards de dollars. En outre, ils constitueront des points d'attraction pour les chercheurs, les restaurateurs, les assureurs, les financiers de l'art, les consultants et les marchands. La deuxième idée est que les personnes très riches n'ont pas envie d'avoir à se soucier d'un entrepôt supplémentaire. “Si vous achetez un tableau pour cent millions, que voulez-vous ? Vous voulez vous sentir bien, a-t-il déclaré. Pour quelle autre raison voyage-t-on en première classe ?” À Singapour, Bouvier s’est penché sur tous les détails, des murs ignifugés renforcés d’acier à la hauteur des portes, qui devaient faire trois mètres de haut pour accueillir les plus grandes installations d’artistes contemporains. “J’ai tout choisi personnellement, raconte-t-il, même les poignées de porte. J’étais obsédé par tout cela.” Il a collaboré avec l’éclairagiste Joanna Grawunder, dont il collectionne les œuvres, et a commandé à l’artiste et designer israélien Ron Arad une immense sculpture, *La Cage sans Frontières*, qui sera placée dans son atrium. L’ouverture du port franc de Singapour et son succès immédiat – Christie’s y a pris un espace – attirent l’attention internationale sur Bouvier. Le nouveau projet coïncide exactement avec les goûts et les habitudes financières du 1 % des personnes les plus riches du monde. [...] Les rivaux de Bouvier dans le commerce de l’art l’observent avec joie et perplexité. Les marchands d’art ne sont pas des gens publics. [...] Un concurrent qui a visité le port franc de Singapour et vu l’œuvre d’Arad dans l’atrium m’a dit : “Si mon client voit une sculpture de cinq millions de dollars dans mon bureau, il en conclura que je l’arnaque”. D’autres ne comprenaient pas d’où Bouvier tirait son argent. [...] “Bien sûr que nous avons été surpris, m’a dit un acteur du marché. Nous ne sommes pas milliardaires, et il faut être milliardaire pour créer de tels ports francs[8].” »

C’est dans le port franc de Singapour que Bouvier a caché la plupart des chefs-d’œuvre de Rybolovlev, les sauvant ainsi des avocats et des huissiers d'Elena : quatre tableaux de Modigliani, deux de Monet, Van Gogh et Gauguin, deux de Picasso, Degas et Rothko. Il a aussi envoyé les œuvres d'art lourdes et de grande taille, ainsi qu'un Picasso et un Modigliani, à Londres, où de nombreux Russes fortunés ont déjà accumulé des biens, dont l'identité et les capitaux sont protégés par la justice britannique contre l'empiètement des autorités et des services judiciaires russes. Tout cela a été envoyé à Singapour et à Londres avant le 22 décembre 2008, c'est-à-dire avant qu'Elena Rybolovleva ne dépose sa demande de divorce. Le 29 décembre 2008, lorsque sa femme dépose une demande de saisie temporaire des biens de Rybolovlev dans le monde, ses chefs-d'œuvre ne se trouvent plus en Suisse ni à Monaco.

Une partie de la collection est stockée à Chypre. Bouvier n'y a pas créé de port franc. C'est Rybolovlev qui l'y a construit, en faisant de toute la partie grecque de l'île un gigantesque port franc.

# 6.

# Combien coûte l'île de Chypre ?

Rybolovlev s'est rendu le divorce difficile de son propre fait. Il ne voulait pas partager l'argent. Or, les sommes étaient importantes. Dans un premier temps, le couple était d'accord pour que seul l'argent se trouvant sur le compte de l'une des fiducies, d'un montant d'environ 2 milliards de dollars, serait considéré comme de l'argent acquis en commun. Elena Rybolovleva devait donc recevoir une partie de cet argent, ce que les Rybolovlev avaient accepté en présence d'un juge suisse. Ils disposaient d'un mois pour signer les documents définitifs. Mais lorsque Rybolovlev s'était présenté devant le juge, un mois plus tard, il avait déclaré à l'improviste qu'il était personnellement prêt, comme promis, à verser à Elena sa part, mais que la fiducie refusait de payer cette somme et demandait à en réduire le montant.

À cette époque, Rybolovlev n'avait ni téléphone, ni comptes, ni cartes de crédit, ni actifs enregistrés à son nom. Tout se trouvait dans une fiducie. Sur le papier, il ne possédait rien, et devant les tribunaux, il témoignait en tant que consultant pour l'une de ses fiducies. Mais la juge, qui pouvait se prévaloir d'une certaine expérience, avait compris que la fiducie c'était Rybolovlev, et en juillet 2010, elle avait ordonné à Rybolovlev de verser à son ex-femme 4,5 milliards de dollars, soit la moitié de sa fortune totale, estimée « comme chacun sait » à 9 milliards de dollars. La juge voulait forcer les parties à revenir à l'accord, aux anciennes conditions, et la révision de la décision n'était rien d'autre qu'un moyen de faire pression sur Rybolovlev. Rybolovlev a paniqué, et au lieu de revenir à l'ancien accord, il a commencé à chercher des moyens de contourner la décision du tribunal suisse.

En septembre 2010, il acquiert une participation de 9,7 % dans la Banque de Chypre pour 500 millions de dollars. Il ne fait aucun doute que cela s'est fait avec le consentement et dans l'intérêt stratégique de la Russie, qui incluait le contrôle de l'économie chypriote et de la vie politique de l'île afin de s'emparer d'une tête de pont au sein de l'Union européenne.

L'infiltration russe dans le pays et la prise de contrôle de la Banque de Chypre constituent une histoire d'espionnage digne de Le Carré. Le principal actionnaire de la banque était le gouvernement chypriote, qui détenait 18 % des parts de la structure par l'intermédiaire de la Banque populaire de Chypre. Mais en 2013, six des seize membres du conseil d'administration de la Banque de Chypre étaient des citoyens russes.

Peu à peu, Rybolovlev a mis dans sa poche tous les dirigeants de l'île. Fort d'une participation dans une grande banque chypriote, Rybolovlev peut désormais influencer les institutions financières du pays. À sa demande, le cabinet d'avocats Andreas Neocleous rédige un amendement à la loi de 1992 sur les fiducies qui comprend une clause accordant le droit de ne pas divulguer l'identité du bénéficiaire effectif ultime de la fiducie (en violation de la réglementation anti-blanchiment d'argent de l'Union européenne, dont Chypre est membre). En octobre 2010, trois mois seulement après qu'Elena Rybolovleva a présenté des demandes d'indemnisation à son mari, Maria Kyriacou, députée du Rassemblement démocratique (DISY) et associée du cabinet d'avocats Andreas Neocleous, présente le projet de loi au Parlement.

L'un des journalistes français ayant couvert l'événement a surnommé le projet « loi Rybolovlev » car il visait à empêcher Elena Rybolovleva de trouver les comptes et les biens de son mari.

Afin de surmonter les contradictions entre la « loi Rybolovlev » et le droit européen, une clause est incluse dans l'amendement, selon laquelle tous les jugements des tribunaux étrangers doivent être considérés « comme contraires à l'ordre public de la République et donc inapplicables à Chypre ». Ainsi, si l'épouse de Rybolovlev obtenait un jugement en Suisse ordonnant à son ex-mari de lui remettre une partie de ses biens enregistrés dans une fiducie à Chypre, le jugement devenait inapplicable et l'affaire devait être rejugée à Chypre pour des raisons « d'ordre public ».

Les partisans de la loi au Parlement font valoir qu'elle encouragera davantage d'investissements à Chypre, y compris de la part de la Russie, donnant en exemple les investissements de Rybolovlev dans la Banque de Chypre.

Le 8 mars 2012, la loi est adoptée par le Parlement à la quasi-unanimité[1]. Immédiatement après, une résolution est adoptée pour augmenter le capital social de la Banque de Chypre. Mais Rybolovlev refuse d'augmenter ses parts, rompant ainsi sa promesse d'investir à Chypre. Au lieu de cela, il commence à financer la campagne présidentielle de Nikos Anastasiádis et met son avion à sa disposition, ce qui est important pour Anastasiádis : jouir d'un jet privé est sa faiblesse, son jouet favori.

Anastasiádis a convenu avec Rybolovlev que celui-ci finance sa campagne électorale en échange d'une aide pour le divorce d'avec sa femme en 2012. Elena Rybolovleva réclame la moitié de leur fortune de 9 milliards de dollars, dont Rybolovlev a placé la plus grande partie dans des fiducies à Chypre, gérées par Neocleous. Anastasiádis promet donc à Rybolovlev de protéger sa fortune s'il est élu président. Le médiateur de cet accord est Andreas Neocleous, le représentant de Rybolovlev à Chypre. Depuis, Anastasiádis est resté fidèle à Rybolovlev et ne peut plus reculer.

Anastasiádis est devenu président. « J'ai amené Anastasiádis là où il est aujourd'hui, sans moi il n'y serait pas », répète Rybolovlev à diverses connaissances, précisant qu'Anastasiádis « m'a personnellement promis qu'il s'occuperait du cas de ma femme » et que lui, Rybolovlev, « contrôle le président de Chypre[2] ».

Cependant, Rybolovlev n'est pas le seul et très probablement pas le principal donateur russe à avoir fait de Nikos Anastasiádis « son » président à Chypre. Encore faut-il mentionner Vladimir Strjalkovsky.

Strjalkovsky est un homme remarquable. Vice-président de la Banque de Chypre, il est un proche collaborateur de Poutine dans le domaine de la sécurité de l'État. Bien entendu, il appartient au KGB/FSB. Outre Chypre, il est également chargé de l'Afrique, en particulier de l'Afrique du Sud, pour le FSB. En 2012, il devient célèbre pour avoir démissionné de son poste de P.-D.G. de Norilsk Nickel (il a cédé sa place à Vladimir Potanine, mais il est resté vice-président de l'entreprise chargé du développement des divisions étrangères) et après des négociations avec Poutine et le Premier ministre Dmitri Medvedev, pour avoir reçu 100 millions de dollars de compensation pour sa démission. Lors d'une conférence de presse organisée à Moscou afin de marquer cet événement extraordinaire, Strjalkovsky déclare qu'il fera don de 10 % de sa prime à un fonds caritatif destiné à aider les veuves et les orphelins des agents du FSB. Sur les 90 millions de dollars restants, 50 millions sont déposés à la Banque de Chypre et le reste est converti en actions de la banque. Strjalkovsky possède 0,66 % des actions de la Banque de Chypre, ce qui correspond à des dépôts de plus de 60 millions d'euros. La personne qui aurait transféré l'argent liquide de Strjalkovsky de Moscou à Chypre pourrait être celui qui allait devenir le président de Chypre, Nikos Anastasiádis. Strjalkovsky est également un client du cabinet d'avocats d'Anastasiádis, ce qui a permis aux deux hommes de garder leurs liens secrets.

C'est ce que dit Makarios Drousiotis, conseiller spécial du président Anastasiádis, dans son livre sur la corruption et l'infiltration russe à Chypre. Il y est question d'Anastasiádis, qui venait de remporter l'élection présidentielle de 2013, et de Strjalkovsky :

« Une fois les cérémonies terminées et l'élection d'Anastasiádis comme septième président de la République de Chypre devenue une formalité, un cortège s'est formé pour escorter le nouveau président jusqu'à son quartier général de campagne, puis jusqu'au stade Eleftheria, où il devait prononcer son discours de victoire. Le véhicule blindé noir transportant l'invité russe était le dernier du convoi. J'ai appris plus tard que l'invité d'Anastasiádis était Vladimir Strjalkovsky. […] Les médias internationaux se sont concentrés sur Strjalkovsky en raison de son passé d'ancien agent du KGB et d'homme de Poutine. À l'époque, je me suis souvenu d'une conversation que j'avais eue avec Anastasiádis dans son bureau en 2012. Je me préparais à me rendre aux États-Unis pour faire des recherches sur des documents publics en vue d'un livre que j'écrivais sur la politique soviétique concernant la question chypriote. Au cours de la conversation, il m'a demandé comment j'allais payer mon voyage en Amérique. “J'ai de l'argent”, ai-je répondu. Il m'a ensuite demandé si j'avais besoin de plus d'argent. J'ai répondu par la négative. Au cas où mon refus aurait été motivé par le fait que je pensais lui imposer un fardeau, il m'a assuré qu'il avait collecté beaucoup d'argent pour sa campagne électorale. Il a même ajouté qu'il avait reçu des fonds illimités pour sa campagne sous forme de dons de ses amis russes. Anastasiádis a mentionné un Russe en particulier dont le nom m'avait échappé à l'époque et qui, m'a-t-il dit, possédait des mines de nickel en Sibérie et était un ami de Vladimir Poutine. Plus tard, j'ai appris que l'ami et le sponsor d'Anastasiádis était Vladimir Strjalkovsky.

Comme Poutine, Strjalkovsky est originaire de Léningrad et ils ont servi ensemble au sein du KGB. Après l'effondrement de l'Union soviétique, Strjalkovsky est passé dans le secteur privé et a fondé l'agence de voyage Neva. Dans les années 1990, l'agence Neva a participé à des circuits de bus entre la ville de Saint-Pétersbourg et la ville finlandaise de Kotka. Des jeunes femmes russes étaient emmenées dans des motels et des maisons closes. Pour cette raison, Strjalkovsky a été surnommé le "proxénète du KGB".

Lorsque Poutine est arrivé au pouvoir en 1999, Strjalkovsky a occupé plusieurs postes gouvernementaux importants, dont ceux de vice-ministre des Finances et de vice-ministre du Tourisme. En 2008, Poutine l'a chargé de sauver Norilsk Nickel, qui était en proie à un conflit prolongé entre les deux oligarques qui en étaient les principaux actionnaires, Vladimir Potanine et Oleg Deripaska. Tous deux possédaient des sociétés à Chypre par l'intermédiaire desquelles ils géraient leurs affaires en Russie. Avec la bénédiction de Poutine, Strjalkovsky a été nommé président du conseil d'administration de Norilsk Nickel. Poutine a personnellement visité les mines de la société et rencontré Strjalkovsky dans son bureau pour s'informer de la situation de la société. [...]

Il est clair que lorsque Strjalkovsky a choisi Anastasiádis pour le représenter, il ne l'a pas choisi au hasard dans l'annuaire téléphonique. Anastasiádis était une personnalité politiquement importante et un prétendant à la victoire aux prochaines élections, et donc une cible pour la corruption afin de contrôler la situation politique à Chypre. Dans un monde de relations clandestines et de transactions secrètes où les pots-de-vin sont remis en espèces dans un jet privé, les affaires ne sont jamais franches. L'argent qu'Anastasiádis aurait pu gérer pour Strjalkovsky pouvait être en toute vraisemblance de l'argent sale, et personne ne savait quelle part de cet argent appartenait réellement à Strjalkovsky, quelle part à Poutine et quelle part au KGB.

En juin 2012, le gouvernement de Dimítris Khristófias a été contraint de recourir au Mécanisme européen de stabilité financière pour tenter d'éviter un défaut de paiement imminent. Les solutions proposées étaient difficiles et les négociations avec la troïka des futurs créanciers (Commission européenne, Banque centrale européenne et Fonds monétaire international) ont abouti à une impasse. La troïka a clairement indiqué que les Russes ne devaient pas être autorisés à contrôler le nouveau conseil d'administration de la Banque de Chypre. C'est ainsi qu'ont commencé les machinations pour sélectionner les membres du conseil d'administration de manière que les Russes n'aient pas la majorité. Avérof Neofýtou, vice-président du parti DISY, a négocié avec les partis politiques, l'archevêque, les syndicats des employés de banque et, bien sûr, cinq cabinets d'avocats représentant les intérêts des grands déposants russes. »

Les « grands déposants russes » possédaient déjà Chypre pour l'essentiel. La situation s'était dégradée et des positions avaient été cédées de manière irréversible. Dans son livre *Diary of the Eurocrisis in Cyprus*, Panicos Demetriades, ancien gouverneur de la Banque centrale de Chypre, écrit que « des cabinets d'avocats chypriotes ayant des liens étroits avec les banques et la politique locale ont activement sollicité les déposants russes, à qui ils ont offert une protection contre d'éventuels audits ». Jeroen Dijsselbloem, président de l'Eurogroupe au moment de la crise financière chypriote, était du même avis : « Il existait un réseau étroit d'avocats spécialisés dans les services financiers qui étaient également impliqués dans la politique. Le lien entre les banques et la politique était évident, et c'est notamment ce qui a été à l'origine des graves problèmes auxquels Chypre a été confrontée. »

Anastasiádis était au centre de ce groupe parce qu'il combinait deux qualités – avocat et politicien – et, selon Dijsselbloem, il avait « des compétences considérables pour attirer de riches clients russes ». Makarios Drousiotis écrit :

« L'afflux le plus important de dépôts russes à Chypre s'est produit entre 2004 et 2010. Après l'adhésion de Chypre à l'UE, les dépôts russes à Chypre ont été réduits de moitié. [...] Chypre était considérée par les oligarques comme un endroit sûr pour leur argent. Nombre de ces dépôts y étaient blanchis, puis transférés en Russie sous forme d'investissements européens à l'abri de la confiscation par le régime. Pendant cette période, le secteur bancaire chypriote a doublé de taille pour atteindre 953 % du PIB. [...] L'argent russe a été transféré sur les comptes de sociétés écrans. Celles-ci n'avaient aucune activité, mais étaient des entités juridiques qui protégeaient l'identité de leurs véritables propriétaires. Outre les commissions qu'ils percevaient pour leurs activités de courtage, les cabinets d'avocats facturaient également des frais pour les transactions effectuées au nom de leurs clients et gagnaient de l'argent grâce à cela. En quelques années, le modèle commercial des services développé à Chypre avec l'aide d'avocats, d'auditeurs et de banquiers et soutenu par les politiciens, a créé une nouvelle classe de nouveaux riches. Des cabinets d'avocats aux activités médiocres sont devenus des entreprises géantes aux bureaux luxueux, et leurs associés sont devenus millionnaires en un clin d'œil. Le cabinet d'avocats Níkos Anastasiádis et Associés faisait partie de ces parvenus.

Au cours de la "décennie dorée" de l'activité bancaire à Chypre, Anastasiádis a reçu au total plus 10 millions d'euros de la Banque de Chypre qui ont été transférés à l'étranger sans qu'il ait payé d'impôts sur cette somme. Si ces revenus avaient été légaux et éthiques, Anastasiádis aurait dû les facturer à Chypre, et payer la TVA et l'impôt sur le revenu. En les déposant à l'étranger, ils sont restés invisibles et exonérés d'impôts. [...] Les banquiers ont accordé aux déposants étrangers des taux d'intérêt exorbitants, dans certains cas jusqu'à 10 % pendant cinq ans. Pour faire face à cette situation perverse, les banques ont commencé à faire des investissements risqués, étendant leurs opérations à l'étranger sur des marchés inconnus et risqués tels que la Russie, l'Ukraine et d'autres pays de l'ancien bloc de l'Est. »

En 2013, les négociations pour la nomination du nouveau conseil d'administration de la Banque de Chypre aboutissent à l'émergence de la « liste Averof ». Demetriades a l'intention de soumettre Strjalkovsky et les autres candidats russes de la liste à un processus de vérification rigoureux, d'autant plus que certains des candidats figurant sur la « liste Averof » n'ont même pas soumis leur CV à la Banque centrale de Chypre conformément à la procédure en vigueur. Selon Demetriades, les fonctionnaires de la Banque centrale qui ont procédé au contrôle ne savaient rien du passé de Strjalkovsky, hormis les informations publiées dans le *Financial Times* selon lesquelles il était un ami de Poutine et un ancien officier du KGB. Ils ont supposé qu'il était peu probable qu'il soit autorisé à travailler à la banque.

Anastasiádis, ayant appris l'intention de Demetriades de rejeter les candidats russes, appelle le gouverneur de la Banque centrale et lui dit littéralement ce qui suit : « J'espère que vous ne rejetterez pas les candidats nommés par l'Autorité de résolution des conflits, car ils seront de toute façon élus. »

Demetriades lui répond qu'il a déjà approuvé dix personnes figurant sur la liste, mais qu'il ne peut pas se faire une opinion sur les six autres, les Russes, parce qu'ils n'ont pas encore rempli les formulaires demandés avec leurs données. « Je suis un grand escroc de la politique, répond alors Anastasiádis. Personne n'a jamais pu me tromper et vous ne le pourrez pas. Je suis non seulement le meilleur tricheur, mais aussi le plus grand proxénète… Panicos, mon cher, je vous remercie d'avance. » Et il raccroche. Le même jour, le nouveau conseil d'administration de la banque est approuvé. Il comprend les six représentants russes. Strjalkovsky est élu vice-président.

En 2014, le collègue de Strjalkovsky à la tête de la banque chypriote était Wilbur Ross, le futur secrétaire au commerce du cabinet Trump, qui avait investi 400 millions d'euros dans la Banque de Chypre.

Joseph Ackermann, ancien dirigeant de la Deutsche Bank, est nommé au poste de président du conseil d'administration de la Banque de Chypre. Ackermann a des liens étroits avec la Russie et entretient de bonnes relations avec Poutine et German Gref, le P.-D.G. de la Sberbank, qui a fait l'objet de sanctions américaines et européennes à la suite de l'annexion de la Crimée par la Russie.

En 2015, les activités russes de la banque chypriote sont vendues au banquier russe Artiom Avetisyan pour 7 millions d'euros. Avetisyan, qui a acquis une participation dans la banque chypriote pour 450 millions d'euros en 2008 est également directement lié à Sberbank. La transaction a été conseillée par le bureau londonien de la Deutsche Bank.

Anastasiádis est resté président de Chypre jusqu'au 28 février 2023[3]. Au fil des années, il a eu recours à plusieurs reprises aux services de Rybolovlev, qui lui fournissait son propre jet privé ou un jet privé loué avec son argent[4].

À l'automne 2013, sans que la défense d'Elena Rybolovleva, qui était absente de Chypre, puisse s'y opposer, les avocats de Rybolovlev se lancent dans un plan que l'on ne peut que qualifier d'abus de justice. Sur la base de la « loi Rybolovlev », ils demandent au juge Harris Solomonidis du tribunal de district de Nicosie de promulguer une injonction contre toute action d'Elena Rybolovleva et de ses avocats contre les fiducies de Rybolovlev dans le monde entier. Le 9 octobre 2013, Harris Solomonidis signe une ordonnance de restriction temporaire, selon laquelle le tribunal de district de Nicosie « ordonne, interdit et empêche » Mme Rybolovleva et ses avocats « d'engager toute procédure judiciaire devant tout tribunal autre que les tribunaux chypriotes [...] pour soutenir ses prétendus droits découlant de relation matrimoniale avec son mari ».

Le 20 janvier 2014, le juge Solomonidis rend une autre ordonnance interdisant à neuf des avocats de Rybolovleva en Suisse, aux États-Unis et au Royaume-Uni d'intenter des actions en justice contre les fiducies de Rybolovlev. En d'autres termes, il est interdit à Elena d'intenter une quelconque action contre les fiducies de son ex-mari partout dans le monde, à l'exception de Chypre.

Immédiatement après l'octroi de la deuxième injonction en faveur de Rybolovlev, l'épouse du juge trouve un poste dans l'entreprise A. Neocleous Trust Company Ltd. Le 13 mai 2014, Alexandra Pelaya, l'avocate chypriote de Rybolovleva, dépose une demande de révocation du juge pour cause de partialité, les deux demandes d'injonction ayant été délibérément soumises au même juge. La requête est rejetée. C'est le juge Solomonidis lui-même qui a examiné la demande de révocation et qui l'a rejetée. Dans son jugement, il déclare que les deux demandes lui ont été soumises « conformément au calendrier des affaires en cours suivi par le greffier du tribunal » et que l'emploi de son épouse dans la société de Neocleous ne constituait pas un motif de révocation. En juillet 2014, il transforme les deux interdictions temporaires en interdictions permanentes. Cela prive Rybolovleva de la possibilité d'engager des poursuites contre des fiducies chypriotes partout dans le monde, à l'exception de Chypre.

Étant donné qu'en vertu de la nouvelle loi les biens situés à Chypre ne peuvent être partagés qu'à Chypre et devant un tribunal chypriote, Rybolovlev invite Elena sur l'île pour partager les œuvres d'art situées sur place dans une salle climatisée spécialement aménagée à cet effet au sous-sol du bureau de Neocleous à Limassol. En présence de Bouvier, les Rybolovlev devaient se mettre d'accord de manière civilisée sur la répartition des tableaux.

Mais les véritables intentions de Rybolovlev sont tout autres. Usant de son influence illimitée à Chypre, il prévoyait de faire arrêter sa femme, accusée d'avoir volé sa bague en diamant, et de la forcer à signer les papiers du divorce en prison, selon ses conditions.

Au moment du divorce, cette bague en diamant d'une valeur d'environ 25 millions d'euros était le seul bien important qu'Elena possédait. Il s'agissait d'un cadeau offert par son mari à l'occasion de son 40^e^ anniversaire. Le reste de l'argent se trouvait dans diverses fiducies. Elena prévoyait de vendre cette bague ou de l'utiliser comme garantie pour emprunter de l'argent afin de financer la procédure de divorce. Techniquement, la bague est enregistrée au nom de la fiducie familiale Domus. Mais elle y a été enregistrée tardivement, dans le cadre de la procédure de divorce, par Rybolovlev. Elena n'était pas au courant.

L'arrestation d'un ressortissant étranger à Chypre pour un « vol » commis dans un autre État n'est pas facile. Les lois chypriotes ne prévoient pas une telle possibilité. L'ingénieux Rybolovlev a donc l'idée de faire modifier le Code pénal.

Le 9 octobre 2013, le jour même où la procédure d'injonction contre Elena et ses avocats a commencé, Averof Neophytou[5], le nouvel avocat de Rybolovlev, qui l'avait débauché, soumet un autre projet de « loi Rybolovlev » à la commission des affaires juridiques de la Chambre des représentants pour modifier le Code pénal. Le 23 octobre, après seulement 15 jours (alors qu'il a fallu 15 mois pour adopter le projet de « loi Rybolovlev »), le Parlement adopte à l'unanimité l'amendement visant à « renforcer Chypre en tant que centre d'affaires international ».

L'amendement étend la compétence des tribunaux chypriotes pour « juger les infractions commises dans tout pays étranger par toute personne physique si l'infraction a causé des dommages ou des blessures à des biens ou a conservé des biens en dehors de la République qui appartiennent directement ou indirectement à une société ayant son siège social dans la République ou à une fiducie régie par la loi chypriote ». Par exemple, la fiducie de Rybolovlev dans laquelle a été transférée la bague en diamant de son ex-femme.

En d'autres termes, en vertu de l'amendement, le vol présumé d'un bijou en Suisse par un résident permanent de Suisse est devenu une infraction pénale à Chypre si le bijou a été volé à une fiducie enregistrée dans la République de Chypre. Étant donné que le « vol » présumé de la bague a eu lieu en Suisse en 2009, la loi prévoit donc une sanction pour rétention d'un bien « volé » à une fiducie. Mme Rybolovleva est donc censée être jugée pour avoir « volé » la bague en 2009 et l'avoir gardée en sa possession depuis lors, après que Chypre a adopté en 2013 une modification de son Code pénal qui faisait de la possession d'un bien « volé » une infraction.

De hauts fonctionnaires chypriotes, dont le président, sont au courant de l'opération visant à arrêter Rybolovleva à Chypre et y participent directement. Leur travail est organisé par Sergueï Tchernitsine, un employé de Rybolovlev, qui se rend à Chypre à cette fin en décembre 2013. Andreas Hadjikyriakos, conseiller personnel du président en matière de relations publiques, est chargé d'organiser l'arrestation lui-même[6]. Le procureur général adjoint de Chypre, Riccos Erotokritou, est également impliqué dans l'opération.

Le 11 décembre 2013, Tchernitsine prévoit de rencontrer le ministre de la Justice, Ionas Nicolaou. Il n'est pas tout à fait établi si cette réunion a eu lieu ou non (Nicolaou affirmera plus tard qu'il n'a rencontré personne). Mais le ministère de la Justice et Nicolaou lui-même sont susceptibles d'avoir participé activement à l'opération d'arrestation d'Elena.

Le 7 février, se tient une téléconférence entre Rybolovlev et le célèbre avocat chypriote Leandros Papafilippou, que Rybolovlev envisage d'engager dans son équipe juridique. Malgré de nombreuses tentatives de persuasions, Papafilippou refuse.

Le 13 février, Rybolovlev arrive à Chypre en compagnie de Bersheda pour convenir d'un plan d'action avec Andreas Neocleous et Hadjikyriakos. Les dernières modifications sont apportées au plan. Elena devait être attirée à Chypre le 24 février et arrêtée à l'aéroport de Larnaca.

Au cabinet d'avocats Neocleous, l'arrestation de Rybolovleva est prise en charge par le fils d'Andreas Neocleous, l'avocat Panayiotis Neocleous. Une fois le jour de l'arrivée de Rybolovleva à Chypre fixé, Panayiotis Neocleous, au nom du Domus, la fiducie dans lequel la bague a été enregistrée, dépose une plainte auprès du département d'enquête criminelle de Limassol concernant le vol de la précieuse bague en diamant. La plainte affirme qu'Elena avait emprunté la bague en 2009 et ne l'avait pas rendue. Parallèlement, on se prépare à intenter une action à l'encontre de Rybolovleva auprès de l'unité de lutte contre le blanchiment d'argent MOKAS pour blanchiment présumé d'argent provenant de la vente ou de la mise en gage de la bague.

L'opération est coordonnée par Bersheda, qui s'est concerté avec Andreas Neocleous et les autres avocats chypriotes de Rybolovlev. Bersheda informe notamment les avocats du numéro de passeport de Rybolovleva et de l'heure à laquelle son avion atterrira à l'aéroport : « Passeport n°..., délivré le 4 juin 2013. L'avion devrait atterrir entre midi et 13 heures. Je vous donnerai l'heure exacte plus tard », écrit-elle dans un de ses messages transmis aux avocats chypriotes de Rybolovlev.

Le dimanche 23 février 2014, aucun mandat d'arrêt contre Elena n'a encore été délivré. Bersheda envoie un SMS à Panayiotis Neocleous, lui demandant de faire le point sur la situation concernant le mandat. Panayiotis répond : « Je viens de parler à un officier de police. Le mandat d'arrêt sera délivré dans les deux prochaines heures. Nous croisons les doigts. » Et en effet, dimanche, Andreas Neocleous obtient finalement le mandat, signé par le procureur général adjoint Erotokritou.

Le même jour, Andreas Hadjikyriakos informe Tchernitsine, puis Bersheda, des résultats de sa communication avec le ministre de la Justice Nicolaou : « J'ai confirmé au ministère de la Justice que demain, elle sera ajoutée à la liste des personnes à détenir et à arrêter lors du contrôle des passeports dans une salle d'attente privée. Il s'agit d'une procédure légale assortie d'un mandat. »

Bien que le mandat d'arrêt soit techniquement légal, il s'agit d'une provocation et d'un piège bien organisés, depuis les amendements au Code pénal adoptés en urgence par le Parlement chypriote jusqu'à la coordination de l'arrestation entre la police et les avocats de Rybolovlev. Cette conspiration contre Rybolovleva peut difficilement être considérée comme légale.

Elena se rend à Chypre avec Bouvier dans un avion privé affrété par ce dernier, comme prévu, le 24 février 2014, à 7 h 45, heure de Genève. Elle prévoit de retourner en Suisse le même jour, avec les tableaux sélectionnés. À 11 h 15, heure de Chypre (10 h 15, heure de Genève), Bersheda envoie un message à Panayiotis Neocleous : « Des nouvelles ? Avez-vous réussi à contacter N. ? » « N », alias « NA », alias « N° 1 » n'est autre que le président chypriote Nikos Anastasiádis. Panayiotis répond : « Il est en réunion avec 15 personnes. Il appellera dès qu'il aura terminé. »

Le président rencontrait en effet une délégation de l'Organisation nationale des combattants chypriotes, EOKA

(Ethniki Organosis Kyprion Agoniston). Immédiatement après la réunion, il s'entretient avec Andreas Neocleous et est informé de l'avancement de l'opération visant à arrêter Rybolovleva. « N° 1 est informé », rapporte Bersheda à Tchernitsine après sa conversation avec Andreas Neocleous. « AN [Andreas Neocleous] a parlé à N° 1. N° 1 a dit qu'il "espérait" que le procureur général n'interviendrait pas ». Le mandat d'arrêt a été signé par le procureur général adjoint et le procureur général, Costas Clerides, a le pouvoir de l'annuler.

L'avion atterrit à l'aéroport de Larnaca vers 13 h 30. Deux officiers de police judiciaire attendent Elena au terminal des jets privés Skylink et l'arrêtent immédiatement. Elena demande à parler à ses avocats. On l'autorise à le faire et elle les contacte. En attendant les avocats, qui viennent de Nicosie, la police retient Rybolovleva pendant environ une heure dans une pièce du terminal de l'aéroport. Tchernitsine se trouve également dans le terminal et ne cesse d'informer Bersheda par texto de ce qui s'y passe. « Elle est toujours à l'aéroport. Nous attendons l'avocat », écrit-il.

Le retard pris à l'aéroport dans l'attente de l'arrivée des avocats de Rybolovleva et l'intervention éventuelle du procureur général chypriote pourraient perturber l'opération. Bersheda contacte à nouveau Leandros Papafilippou et lui demande de coopérer, dans l'idée qu'il puisse intervenir auprès du procureur général si nécessaire. Papafilippou refuse de nouveau, disant qu'il est occupé.

Vers 15 heures, Tchernitsine informe Bersheda que Rybolovleva se rend à Limassol dans une voiture de police. Elle est suivie par la Mercedes d'Alexandra Pelaya, l'avocate de Rybolovleva, avec trois collègues. À 15 h 36, Tchernitsine envoie un message indiquant que Rybolovleva est arrivée au poste de police de Limassol. L'interrogatoire commence. Elena déclare à la police que la bague lui a été offerte par son mari en 2008, qu'elle a été faite sur mesure pour son doigt et qu'elle lui appartient, que le Domus a été créé deux ans plus tard, en 2010, et qu'elle ne savait pas que la bague y était inscrite.

« Elle a dit à la police que [la bague] était un cadeau », rapporte Tchernitsine à Bersheda une heure après le début de l'interrogatoire.

Le lendemain, une facture pour la bague, libellée au nom d'Elena et signée par le bijoutier anglais Lawrence Graff, est envoyée par avion de Genève à Chypre et remise aux autorités policières. Tania Rappo, une proche de la famille Rybolovlev, déclarera, lors d'une interview, qu'elle avait été témoin de l'achat et de la remise de la bague par Rybolovlev à sa femme. C'est elle qui avait suggéré que le nom d'Elena soit inscrit sur la facture pour garantir cet achat onéreux.

Peu après l'arrestation de Rybolovleva, le cabinet d'avocats Neocleous, qui agit en tant qu'administrateur de la fiducie, s'empresse d'annoncer son arrestation. Andreas Neocleous déclare, dans un communiqué, que l'accusation de vol n'a rien à voir avec Rybolovleva personnellement et que la seule préoccupation des administrateurs est de protéger les actifs de la fiducie.

La nouvelle de l'arrestation de Rybolovleva fait sensation dans le monde entier. Quand on lui demandera s'il regrettait d'avoir fait mettre la mère de ses enfants en prison, Rybolovlev répondra qu'Elena ne vaut pas les milliards (au sujet desquels il y a un différend à l'époque). « Il y a trois endroits au monde où je peux faire ce que je veux : Skorpios, Chypre et Monaco. Je ne vais certainement pas payer 4 milliards de dollars. Qu'Elena sache qu'elle n'obtiendra rien. J'ai fait tout ce que j'avais à faire à Chypre pour cela », déclarera-t-il.

L'affaire tourne à la farce. Il n'existe aucune preuve de l'infraction commise par Rybolovleva. Domus, qui revendique la propriété de la bague, a été créé deux ans après l'achat, et Rybolovleva a pu montrer aux enquêteurs une copie de la facture à son nom. L'annonce de l'arrestation, faite par des personnes impliquées dans l'opération, attire l'attention des médias internationaux. Le chef de la police de Limassol, Andreas Koushioumis, refuse de maintenir Rybolovleva en détention. Elle est libérée sept heures après son arrestation, mais la police confisque son passeport. « Elle a laissé ses documents et est en train de quitter le poste de police », rapporte Tchernitsine, qui se trouve au poste de police avec Panayiotis Neocleous à ce moment-là.

Rybolovleva retourne à Nicosie avec Pelaya, chez qui elle passe la nuit. Elle demande la protection de l'ambassade de Russie. Elle obtient un rendez-vous avec l'ambassadeur pour le mardi 25 février, dans la matinée. Elle reçoit la protection du gouvernement russe et passe la nuit suivante dans le bâtiment de l'ambassade.

Le même jour, le 25 février, Pelaya rend visite au procureur général Costas Clerides et lui raconte ce qui s'est passé. Ce dernier téléphone au chef de la police criminelle de

Limassol, Yannis Soteriadis, et lui ordonne de le contacter directement pour toute question relative à l'affaire Rybolovleva. Le plan d'arrestation et de détention de Rybolovleva a complètement échoué.

Le jour de l'arrestation d'Elena à l'aéroport de Larnaca, Rybolovlev dépose une requête pour outrage contre elle et ses avocats devant un tribunal chypriote. La nouvelle affaire se fonde sur la « loi Rybolovlev » et sur l'ordre donné par le tribunal de Nicosie de cesser et de s'abstenir de tout litige futur contre des fiducies chypriotes à l'étranger. La demande du tribunal devait être entendue dans le mois et les avocats de Rybolovlev prévoyaient de signifier une assignation à Elena pendant qu'elle se trouvait à Chypre, dans l'espoir de la maintenir à Chypre pendant encore un mois jusqu'à ce que l'affaire soit tranchée.

Le mercredi 26 février, Rybolovleva est de nouveau convoquée au Département d'enquête criminelle de Limassol pour apporter un témoignage supplémentaire. En fait, les avocats de Rybolovlev ont prévu de lui remettre une citation à comparaître pour outrage au tribunal. Après avoir repéré, à l'extérieur du tribunal, un homme qui a l'habitude de signifier les citations à comparaître, ainsi que les avocats du cabinet Neocleous, Rybolovleva se rend aux toilettes, où elle échange manteaux et lunettes noires avec l'une de ses avocates de même corpulence. Pelaya a déjà appelé le bureau du procureur général et a demandé à la police de lui restituer le passeport.

Lorsque la supercherie du déguisement est découverte, Rybolovleva s'est déjà engouffrée à l'arrière d'une voiture, qui la conduit à l'aéroport de Larnaca d'où elle entend quitter Chypre le plus rapidement possible. Elle est accompagnée de Pelaya qui s'est assurée qu'il n'arriverait rien à Rybolovleva pendant le voyage. Le premier vol est pour Londres. Rybolovleva le prend. L'épopée de l'arrestation à Chypre est terminée. Elena n'est plus jamais retournée à Chypre. Selon l'avocat Papafilippou, l'opération de l'arrestation d'Elena a coûté vingt millions à Rybolovlev.

« Si elle avait passé quelques semaines en prison, elle aurait signé tous les documents que je voulais », a déclaré Rybolovlev à Tania Rappo quelques semaines plus tard. Mais son ex-femme n'était plus à Chypre.

# 7.

# Achat du Salvator Mundi et rupture avec Bouvier

Bouvier est rentré seul de Chypre. Bien entendu, il n'était pas au courant de la détention prévue d'Elena par Rybolovlev. Il aurait pu mettre un terme à sa relation avec Rybolovlev dès 2014, mais le prix à payer était trop élevé. Lorsque j'ai demandé à Bouvier en 2019 ce qu'il aurait changé dans sa vie s'il avait su comment sa relation épique avec Rybolovlev allait se terminer, Bouvier a répondu : « Je l'aurais quitté il y a cinq ans, point final. »

Alors qu'elle se trouve en Suisse, Elena publie une lettre qu'elle avait adressée au procureur général de Genève et dans laquelle elle indiquait qu'en cas de décès, son ex-mari Dmitri serait le premier sur la liste des suspects. Elle réussit ensuite à faire saisir les biens de son ex-mari dans le monde entier. Toutefois, Rybolovlev parviendra à récupérer ses avoirs à Singapour et à Londres.

La saisie des avoirs suisses de Rybolovlev reste en vigueur, mais les chefs-d'œuvre de Rybolovlev n'y sont plus entreposés. Le prudent Bouvier avait tout enlevé à l'avance.

Bouvier a participé activement à la levée de la saisie des chefs-d'œuvre de Rybolovlev à Singapour et à Londres. Il a signé une déclaration sous serment indiquant que les tableaux lui avaient été achetés par Rybolovlev personnellement, que Rybolovlev (sans son épouse) avait participé à leur choix et à l'organisation des paiements, et que les œuvres étaient la propriété de Rybolovlev et non une propriété conjointe avec son épouse[1].

Pendant que Bouvier signe cet affidavit chez un notaire à Genève, Rybolovlev l'attend comme un enfant coupable devant la porte de l'étude notariale. Et lorsque Bouvier sort enfin, il entend pour la première et dernière fois de sa vie Rybolovlev dire « merci ».

Bouvier n'a rien fait d'extraordinaire. Il aurait probablement agi de la même manière pour n'importe lequel de ses principaux clients. Bouvier a été prié de garder les tableaux bien cachés et de ne pas informer la femme de Rybolovlev de ses nouvelles acquisitions. Il n'y a rien d'illégal dans tout cela, mais le statut de Bouvier aux yeux de Rybolovlev a changé. Il fait désormais partie du cercle des intimes. Il commence à être invité à des fêtes d'anniversaire, auxquelles ne participent généralement que très peu de personnes, seulement les plus proches, 5 à 6 personnes au maximum, principalement celles qui ont travaillé avec Rybolovlev à l'époque d'Uralkali.

Rybolovlev est une personne extrêmement ennuyeuse qui n'a pas d'amis. Il ne boit pas car il est important pour lui de garder le contrôle. Il ne sait pas s'amuser. Même le jour de son anniversaire, il est toujours triste. Il suit un emploi du temps strict, il se lève à 7 heures du matin, puis tout est planifié : l'heure du petit-déjeuner, ce qu'il y a au petit-déjeuner, l'heure du déjeuner, ce qu'il y a au déjeuner… Le soir, la plupart du temps, il se promène dans son bureau. Il se couche tôt. « J'ai rencontré beaucoup d'autres oligarques en Russie, a déclaré Bouvier, mais c'étaient des gens qui… Je veux dire qu'une partie d'eux-mêmes savait s'amuser, se détendre. Peu importe qu'ils soient mafiosos ou non, ils avaient cet élément humain qui leur permettait de s'amuser. Même les gens qui n'avaient pas d'argent du tout. Mais Rybolovlev, il a toujours été cette personne plate, très monotone. Il n'est pas devenu un oligarque parce qu'il manquait de charme et de charisme. »

Mais aussi ennuyeux soit-il, Rybolovlev reste un client important. Pour acheter de nouveaux tableaux, Bouvier crée une nouvelle société, sans lien avec la première, et achète des œuvres d'art pour Rybolovlev en toute confiance, sans en informer Elena. Même Sazonov, l'employé le plus proche de Rybolovlev, n'est plus au courant des transactions et ne s'occupe plus de la paperasse pour les achats, comme il le faisait auparavant. Elle est désormais traitée par une société distincte, également nouvelle, créée par Rybolovlev : Rybolovlev Monaco, et tous les chefs-d'œuvre achetés sont expédiés à Singapour, sans même passer par la Suisse, en raison de la procédure de divorce de Dmitri et d'Elena.

Ayant appris que Rybolovlev aimait les nus de Modigliani, Bouvier acquiert la toile *Nu couché aux bras levés*, en 2006, pour 26,7 millions de dollars, et en novembre 2011, par le biais d'un intermédiaire, il réussit à persuader le célèbre financier new-yorkais Steven Cohen de retirer du mur (il était accroché dans la salle à manger) et de vendre le tableau de Modigliani *Nu couché au coussin bleu*, pour 93,5 millions de dollars. Le tableau est cédé à Rybolovlev pour 118 millions de dollars.

En février 2013, il vend un Toulouse-Lautrec à Rybolovlev pour 14 millions d'euros. La même année, il tombe sur le chef-d'œuvre de Gustav Klimt, *Serpents d'eau II*, qu'il achète pour 123 millions de dollars et revend à Rybolovlev pour 183 millions de dollars. Il acquiert *Seule (Otahi)* de Paul Gauguin, Rybolovlev paie le tableau 120 millions de dollars et *Te Fare (La Maison)* du même peintre, que Rybolovlev paie 85 millions de dollars. On compte encore deux sculptures d'Auguste Rodin : *L'Éternel Printemps* pour 48,1 millions de dollars, et *Le baiser*, grand modèle, une copie de 2010 basée sur un original des années 1880, pour 10,4 millions de dollars ainsi que *Le domaine d'Arnheim* (1938) de René Magritte, acheté pour 10,4 millions de dollars. Il y a enfin *Le Sauveur du monde* de Léonard de Vinci, retrouvé par hasard et miraculeusement conservé, acheté par Bouvier pour 83 millions de dollars, et cédé à Rybolovlev pour 127,5 millions de dollars.

Rybolovlev voit pour la première fois *Le Sauveur du monde* sur une photographie, et non chez Bouvier. Il est prêt à l'acheter immédiatement, offrant à l'intermédiaire qui le vend 190 millions de dollars.

« Vous voulez acheter *Le Sauveur du monde* ? », demande Bouvier à Rybolovlev. « N'oubliez pas que personne ne se bat pour cet achat. » « Oui, j'aime beaucoup cette photo », confirme Rybolovlev. Bouvier écrit alors une lettre de deux pages à Rybolovlev décrivant tous les problèmes du tableau et l'exhortant à ne pas l'acheter parce que sa restauration avait été trop longue et trop coûteuse. Voici la lettre envoyée le 22 mars 2013 à Sazonov pour Rybolovlev en français et en russe :

Analyses :
*Salvatore Mundi*, Leonard de Vinci
Peinture sur panneaux de noyer 65,6 x 45,4.
Fin des années 1490 ou début des années 1500.
Narratif :
Le Christ tient un globe transparent dans sa main.
L'œuvre a été trouvée en très mauvais état [...].
Restauré et authentifié. L'état de conservation est fragile, le visage est presque invisible, seuls la main et le revers de la manche semblent authentiques.
Ma première analyse :
Les personnes intéressées par ce tableau sont Warren Adelson (marchand d'art américain de New York) et Robin Simon (également marchand d'art). Ils ont vendu une partie du tableau à un investisseur.
Je ne pense pas qu'Ashton Hawkins soit cet investisseur. Il a la réputation d'être habile et d'avoir le sens des affaires. Il est l'un des directeurs du Metropolitan Museum of Art et a des relations avec Christie's. Je vais essayer de savoir s'il fait partie du « consortium » qui vend ce tableau.
Le *Salvator Mundi* de Léonard de Vinci est une très belle peinture et je comprends l'intérêt qu'il suscite. Il semble qu'il s'agisse de son travail. Mais elle pose néanmoins un problème de taille :
1) La peinture était très abîmée. Les mains étaient les mieux conservées. Tout le reste a été restauré. Diane Modestini a

effectué un travail de restauration remarquable, qu'elle a décrit publiquement à la National Gallery.

La restauration du tableau a duré cinq ans, ce qui est très long.

Il semble que la restauratrice Diane Modestini soit également intéressée dans la vente de ce tableau.

Il existe un document de restauration, mais avec l'aide de photographies et d'un bon restaurateur, il sera possible de montrer les « scénarios » de recherche et de nettoyage du tableau.

2) Le deuxième problème important est le prix élevé de la pièce (200 millions de dollars), étant donné qu'une très petite partie du tableau a été peinte de la main de De Vinci.

3) Le tableau est sur le marché depuis 2010 et tout le monde peut contacter ses vendeurs/propriétaires.

4) Aucun des grands musées d'Angleterre, des États-Unis, d'Europe ou d'ailleurs n'a voulu acheter cette œuvre. Seul Max Anderson, directeur du Dallas Museum of Art, a tenté d'acheter ce tableau pour des raisons personnelles, mais il n'a pas réussi à réunir les fonds nécessaires, malgré la richesse des administrateurs.

5) On ne voit pas pourquoi le Vatican, avec sa puissance financière et compte tenu du thème du Christ Sauveur, n'est pas intéressé par son acquisition.

6) Depuis 2010, ni les fondations ni les acheteurs privés ne sont intéressés par le tableau en raison des points susmentionnés.

En conclusion :

Il est important de garder à l'esprit que l'achat de ce tableau n'est pas un investissement de qualité et ne le sera jamais. La décision d'achat doit être prise pour le plaisir et la beauté. Si le tableau était authentique à 100 %, il vaudrait deux fois plus cher. Les musées et les collectionneurs se battraient alors pour l'acquérir. Mais le prix est trop élevé et ne correspond pas à l'état de la peinture.

L'acheteur qui dépense trop d'argent pour tableau sera considéré comme un « fou » et deviendra la risée de tous. Si, malgré cela, le désir d'acheter le tableau est fort, j'insiste pour que personne ne sache que la personne concernée est un oligarque.
Stratégie :
Les vendeurs savent que le tableau sera présenté à un milliardaire russe ce mardi ; ils sont confiants et ont beaucoup à gagner de cette rencontre. Pour réduire leur attente et diminuer leur confiance, je propose d'annuler la rencontre et de leur dire qu'il n'y a plus d'intérêt pour le tableau.
Ma stratégie consisterait à revenir à la situation du musée et à négocier avec les administrateurs, comme je l'ai fait avec le musée de Dallas.
Alors, abordez les vendeurs sous le couvert de la Pinacothèque et négociez, en vous cachant volontairement derrière les conseils des donneurs. Et prenez votre temps.
DE PLUS, LE TABLEAU DOIT ÊTRE ANALYSÉ AU LABORATOIRE D'ANALYSE SPECTRALE DE GENÈVE AFIN DE CONNAÎTRE EXACTEMENT LA PROPORTION DE L'ŒUVRE QUI A ÉTÉ ÉCRASÉE.
S'il [Rybolovlev] a un problème de finance, comme je n'ai pas eu à chercher le tableau, je peux lui rendre un service.
Je travaille actuellement sur une analyse financière.
– Yves

Bouvier estime qu'un examen du *spolvero* est nécessaire. Le *spolvero* est une technique originaire d'Italie qui consiste à transférer le contour d'un dessin sur une toile, un mur ou une autre surface à l'aide d'un sac en tissu rempli d'une poudre foncée (par exemple du charbon de bois) appliqué sur une esquisse en papier ou en parchemin collée sur une surface (en l'occurrence une planche). La poudre pénétrait par les trous percés dans le papier à l'aide d'une aiguille et laissait les contours du dessin sous forme de minuscules points de lignes. De Vinci a utilisé le *spolvero* pour créer un grand nombre, voire la totalité, de ses célèbres tableaux : *La Dame à l'hermine*, *Portrait de Ginevra de Benci*, *La Belle Ferronnière* et *Mona Lisa*. Cette analyse, qui aurait pu facilement être effectuée pour vérifier la présence de cette poudre sur le tableau, n'a donc pas été faite.

Cependant, Bouvier a l'impression que Rybolovlev ne se soucie pas de savoir s'il achète un vrai De Vinci ou non. Contournant l'intermédiaire, avec lequel il n'était pas en relation contractuelle, ce qui lui donne le droit formel et moral de le faire, Bouvier s'envole pour New York et propose au commissaire-priseur de Sotheby's de signer un contrat avec le propriétaire du tableau afin de l'acquérir, par l'intermédiaire de Sotheby's, pour 63 millions de dollars. Après avoir « emprunté » le tableau à Sotheby's contre un acompte de 63 millions de dollars, Bouvier se rend chez Rybolovlev. Il a avec lui un tableau de De Vinci relativement petit dans un sac noir sans prétention.

« Vous aimez beaucoup *Le Sauveur du monde* ? », demande encore Bouvier, en arrivant, à Rybolovlev. Comme il reçoit une réponse affirmative, il sort le De Vinci de son sac et le place devant Rybolovlev sur une chaise. L'affaire est conclue dans la minute. Le De Vinci, sorti par Bouvier d'un simple sac noir, a marqué les esprits.

Bouvier transfère ensuite 20 millions de dollars à Sotheby's en tant qu'intermédiaire, payant un total de 83 millions de dollars pour le tableau, le prix de vente convenu avec Rybolovlev étant de 127,5 millions. Bouvier a gagné 44,5 millions de dollars dans la transaction, mais il a fait économiser 62,5 millions de dollars à Rybolovlev, qui avait prévu d'acheter le De Vinci pour 190 millions de dollars. Rybolovlev avait prévu d'accrocher le tableau chez lui, dans sa chambre ovale, mais ne l'a jamais fait.

En 2014, Bouvier revend à Rybolovlev, pour 189 millions de dollars, un tableau de 1951 de Mark Rothko, *N° 6*, acheté pour 80 millions de dollars. Dans l'attente de réaliser 109 millions de dollars de revenus supplémentaires, il ouvre, en septembre 2014, un port franc au Luxembourg, moins grand que Singapour. Comme l'a noté *The Economist* à cette occasion, il s'agit d'un « paradis de la vente au détail pour les ultra-riches ». Il prévoit également d'ouvrir des ports francs à Dubaï et à Shanghai. Il ne reste plus qu'à vendre d'autres tableaux à Rybolovlev.

« Il était difficile de trouver des tableaux. Il m'arrivait de proposer à Dmitri d'acheter quelque chose et il acceptait immédiatement. Mais parfois, il voulait un tableau en particulier, et il fallait des années de recherche pour découvrir à qui il appartenait et persuader les propriétaires de s'en séparer. Le travail d'un marchand d'art s'apparente à de la chasse. Il faut connaître les bons endroits, attendre le bon moment, s'approcher discrètement pour ne pas effrayer le vendeur, ne pas trembler lorsque l'occasion se présente. »

L'un des joyaux de la collection de Rybolovlev, *Otahi* de Gauguin, n'était plus apparu sur le marché depuis l'avant-guerre. Il a fallu des années pour en retrouver la trace. Les *Serpents d'eau II* de Klimt ont fait l'objet d'une vente forcée après l'annexion de l'Autriche par Hitler. Il a fallu retrouver les anciens propriétaires, rembourser les dix héritiers et la fondation qui possédait le tableau. La gardienne du tableau étant très âgée, une expertise médicale a été nécessaire pour rendre son consentement juridiquement valable. Il a fallu ensuite obtenir une autorisation pour que l'œuvre puisse quitter le pays…

Le tableau de Rothko *N° 6 (Purple, Green and Red)* appartenait à la famille Moueix de la dynastie viticole bordelaise qui possédait le légendaire domaine de Petrus. Jean-Pierre Moueix était un collectionneur réputé et c'est lui qui avait acquis ce tableau. Après son décès, il a fallu des années de négociations pour convaincre les héritiers de le vendre. Ce tableau a été la dernière transaction entre Bouvier et Rybolovlev, et Bouvier n'a pas reçu la totalité de l'argent pour ce tableau. Rybolovlev lui doit encore 60 millions de dollars.

Au cours de l'été 2014, en présence de Rappo, Bouvier rencontre Rybolovlev sur Skorpios pour discuter de cette dette. Rybolovlev déclare qu'il a des problèmes de trésorerie et demande à Bouvier de vendre certains tableaux de sa collection, à la grande perplexité de ce dernier. Bouvier publie alors un catalogue de la collection de Rybolovlev, incluant Rothko, sans réaliser qu'il n'aura pas le temps de présenter cette édition cadeau à son client. Le 9 janvier 2015, Rybolovlev, sans en informer Bouvier, dépose une plainte contre lui auprès du tribunal monégasque, accusant Bouvier d'escroquerie. Bouvier a imprimé un exemplaire de l'album et l'a conservé.

« La relation a été rompue après que j'ai refusé de corrompre les juges chargés de l'affaire du divorce de Rybolovlev, a expliqué Bouvier. Rybolovlev a été condamné à payer 4,5 milliards de dollars dans le cadre du divorce. En août 2014, en présence de Bersheda, qui faisait office d'interprète, Rybolovlev m'a dit littéralement ce qui suit : "Yves, je t'ai aidé à faire fortune, maintenant tu dois m'aider à sauver ma fortune. Je veux m'assurer que l'appel que je dépose soit décidé en ma faveur. Tu peux faire ce que tu veux. Vous pouvez utiliser la compromission, la corruption, tout ce que vous voulez. Mais vous devez influencer les juges." »

Ainsi, en août 2014, Rybolovlev avait rencontré Bouvier dans sa villa sur la Côte d'Azur. Bersheda était présente lors de cette rencontre. Rybolovlev avait demandé à Bouvier de l'aider à soudoyer les juges qui allaient l'entendre en appel contre la décision de justice l'obligeant à payer 4,5 milliards de dollars à Elena. Il avait demandé à Bouvier de trouver des vulnérabilités chez les magistrats impliqués dans la procédure de divorce, qu'elles soient financières, sexuelles ou liées à la corruption, afin de se préparer à un éventuel chantage. « Il n'y a pas de limite à ce que je peux payer », avait déclaré Rybolovlev. « J'ai gagné beaucoup d'argent avec vous, mais pas pour aller en prison. Je ne peux donc pas faire cela. C'est illégal pour les juges suisses », lui avait répondu Bouvier qui, naïvement, espérait que Rybolovlev ne reviendrait pas sur cette question.

Cependant, le 6 octobre 2014, Bersheda lui remet une note manuscrite avec les noms des juges qu'il doit influencer et le numéro du procès. Lorsque Bouvier arrive à Monaco le 25 novembre pour l'anniversaire de Rybolovlev, celui-ci parle à nouveau des juges et ajoute : « Si vous ne m'aidez pas, vous avez jusqu'à Noël pour rembourser l'argent de toutes les peintures que vous m'avez vendues. »

Étant donné que les tableaux ne pouvaient pas être vendus à l'époque parce qu'ils étaient sous séquestre en raison du divorce, et que, dans tous les cas, il était impossible de vendre ce type d'œuvres d'art en un mois, la menace de Rybolovlev paraissait absurde. « Soit vous le faites, soit vous aurez des ennuis », conclut-il cependant.

Bouvier aborde le problème avec sang-froid et avec l'esprit d'entreprise. Il analyse chaque tableau et rédige un document sur la manière de les vendre pour en augmenter la valeur. Il écrit à Sotheby's pour demander de l'aide afin d'élaborer une stratégie de vente des tableaux de la collection Rybolovlev. Certaines œuvres seraient sans doute mieux vendues dans le cadre de ventes aux enchères publiques, d'autres pourraient être vendues dans le cadre de ventes privées. Par exemple, Bouvier suggère que le tableau du Greco *Le Martyre de saint Sébastien*, que Rybolovlev a acheté pour 39,2 millions d'euros, ne soit pas vendu aux enchères, mais dans le cadre de ventes privées (Rybolovlev a présenté le tableau à une vente publique, mais il n'a pas été vendu).

Dans une action en justice datée du 9 janvier 2015, Rybolovlev affirme que, conformément à un accord conclu entre eux, Bouvier était l'agent de Rybolovlev, travaillant pour une commission de 2 % sur le prix des tableaux qu'il achetait. Le 12 janvier 2015, Bersheda dépose une plainte auprès du bureau du procureur général au nom d'Accent Delight International Ltd. et de Xitrans Finances Ltd., deux sociétés offshore enregistrées dans les îles Vierges britanniques et détenues par une fiducie de droit chypriote dont la fille aînée de Rybolovlev est l'une des bénéficiaires.

Le 12 janvier, le jour même du dépôt de la plainte, Christophe Haget, commissaire principal et chef de la police judiciaire de Monaco, et Frédéric Fusari, inspecteur principal de police, reçoivent l'ordre de se présenter au bureau du procureur Jean-Pierre Dreno. Bersheda les y attend. Le procureur leur remet la plainte de Bersheda, ainsi qu'un mandat, et leur ordonne de mener l'enquête dans les plus brefs délais.

Haget a plus tard écrit que lui et son collègue ont, suivant les instructions de leurs supérieurs, bouclé l'enquête rapidement, bien qu'ils aient estimé qu'ils avaient besoin de plus de temps et qu'ils devaient être plus prudents dans leurs conclusions.

La suite des événements a été dramatique. Le 14 janvier, Bersheda établit un contact téléphonique direct avec Haget. Jusqu'en février 2015, elle supervisera quotidiennement le travail des policiers chargés d'enquêter sur la plainte concernant Bouvier, les rencontrera seule ou avec Rybolovlev, soit au poste de police, soit à la villa de Rybolovlev. Ces contacts se poursuivront jusqu'en janvier 2016.

Le week-end du 20 au 22 février 2015, Rybolovlev invite le ministre de la Justice monégasque Philippe Narmino et son épouse Christina à séjourner dans son chalet de Gstaad. Ils font l'aller-retour dans un hélicoptère de luxe spécialement affrété.

« Merci, chère Tetiana, pour ce merveilleux week-end en votre compagnie, écrit Christine Narmino à Bersheda le 22 février. Merci de remercier Dmitri en notre nom pour son hospitalité sans faille et de lui transmettre notre chaleureuse amitié et nos félicitations pour la beauté de sa maison à Gstaad. Bonne nuit et à bientôt. P et C ». Bersheda répond : « Merci beaucoup ! Ce fut un plaisir de passer le week-end avec vous et de skier ensemble ! Je ne manquerai pas de transmettre votre message à Dmitri, qui a été ravi de vous recevoir chez lui. Je vous souhaite une bonne soirée. Je vous embrasse. Tetiana ».

Gérard Cohen, directeur général de HSBC, une banque privée de Monaco, est également présent dans le chalet de Rybolovlev ce week-end-là. Tania Rappo et son mari Jacques-Olivier Rappo, le dentiste d'Elena Rybolovleva, avec qui les Rybolovlev s'étaient liés d'amitié à Genève, où les Rappo vivaient à l'époque, possèdent des comptes dans cette banque.

Rappo est une éditrice ayant des relations dans l'élite suisse. D'origine bulgare, elle parle couramment le russe et aide les Rybolovlev, Dimitri en particulier, qui ne parle aucune langue étrangère, dans leur vie quotidienne. Leur relation est si amicale que Tania Rappo devient la marraine de la fille cadette des Rybolovlev, Anna, née à Genève en 2001. Le parrain de la petite fille est Vladimir Chevtsov, qui fait le voyage depuis la Russie pour l'occasion.

« Ma première impression a été qu'il s'agissait d'une personne très réservée, a déclaré Tania Rappo à propos de Rybolovlev. Très froid. Mais, vous savez, je l'ai trouvé intéressant. J'ai grandi avec la littérature russe. Je suis russophile, j'aime beaucoup de choses sur la Russie. Disons qu'il avait quelque chose d'intrigant et que son histoire l'était aussi. Je le trouvais intelligent. Mais j'étais beaucoup plus proche de sa femme, j'étais amie avec elle. Ce n'est que par la suite que nous avons développé une relation, lui et moi. [...] Lorsqu'il a commencé à parler de peinture, il m'avait déjà demandé quelques contacts qui l'avaient mis en relation avec des gens du monde du vin, du diamant et de la biotechnologie. Chaque fois qu'il avait une idée, il me demandait si je connaissais des gens dans ces domaines, et si c'était le cas, je les lui présentais. Et un jour, il m'a dit qu'il allait faire une collection, qu'il allait acheter des peintures. Je me souviens très bien qu'il m'a dit qu'il avait rendu visite à un partenaire commercial au Canada dans la maison duquel il avait été très impressionné par les peintures accrochées au mur et qu'il serait intéressé par l'achat de ces peintures. Il m'a demandé si je connaissais des personnes à qui il pourrait acheter ces tableaux.

Je n'étais pas dans le monde de l'art. J'éditais des livres. Je ne savais pas du tout ce qu'était le commerce de l'art, mais comme il insistait, je me suis souvenue que j'avais des amis qui avaient une galerie. Je les lui ai présentés et il leur a acheté un tableau. [...] Lorsqu'il a acheté le premier tableau de cette galerie, qui n'avait rien à voir avec Bouvier, il m'a demandé de l'accompagner au port franc de Genève pour récupérer le tableau [de Marc Chagall]. À l'époque, je ne savais même pas ce qu'était un port franc. C'était la première fois que je découvrais le port franc et que j'apprenais qu'il existait une telle institution. Au port franc nous avons rencontré un monsieur (je ne me souviens pas de son nom) qui était censé organiser toute la documentation. Rybolovlev avait reçu son tableau et deux ou trois jours plus tard, Bouvier m'avait appelé. Il avait trouvé mon téléphone et m'a proposé de prendre un café. Nous avons pris un café et il m'a dit : "J'ai cru comprendre que M. Rybolovlev voulait acheter les tableaux. Pouvez-vous faire en sorte que je fasse affaire avec lui ?" Ce à quoi j'ai répondu : "D'accord. Mais pourquoi ne pas l'appeler directement ?" Bouvier a répondu : "D'abord, je n'ai pas son numéro de téléphone. Et puis, j'ai bien peur de ne pas oser lui demander de faire une chose pareille. Je vous en prie, arrangez cela pour moi, et si un jour un tableau est vendu, il y aura quelque chose pour vous. Il y aura une commission, comme d'habitude dans ce métier." Je n'y croyais pas vraiment. J'ai appelé Rybolovlev et je lui ai dit : "Il y a un homme qui veut vous rencontrer parce que vous m'avez dit que vous vouliez acheter des tableaux. Il veut vous vendre des tableaux. Voulez-vous le rencontrer ?" Rybolovlev a répondu : "Immédiatement !" Et nous sommes allés chez Bouvier le jour même. Lorsque j'ai organisé cette réunion, je pensais rendre à Rybolovlev un bien plus grand service qu'à Bouvier, car c'est Rybolovlev qui m'avait demandé d'organiser l'achat des tableaux. »

À la fin de cette première rencontre avec Bouvier, Rybolovlev s'est penché vers Rappo et lui a chuchoté à l'oreille : « C'est exactement l'homme qu'il me faut. »

Depuis, les circonstances ont changé. Début 2015, Rybolovlev a de nouveaux projets pour Bouvier et Rappo. Il faut désormais démontrer que Bouvier et Rappo étaient des complices qui faisaient des affaires à Monaco, où Rybolovlev vivait désormais.

Dans le document officiel daté du 17 février 2015, fourni aux procureurs de Monaco alors qu'ils se préparent à arrêter Bouvier, le nom d'Yves Bouvier a été délibérément substitué à celui du mari de Tania Rappo, Jacques-Olivier Rappo, pour faire croire que Bouvier et Tania Rappo avaient quatre comptes communs et pour suggérer une dissimulation et un blanchiment d'argent à Monaco, auxquels Tania Rappo, résidente de Monaco, pourrait avoir participé, mais auxquels Bouvier, citoyen suisse, n'était pas lié.

Pour ce faire, trois directeurs de HSBC Monaco auraient pu falsifier des documents envoyés à la police. Lorsqu'il a été découvert, plus tard, que les documents avaient été falsifiés, HSBC a attribué cela à une « erreur d'écriture ». C'est en tout cas sur la base de cette « erreur » que Bouvier tombe sous la juridiction monégasque et qu'il peut être arrêté à Monaco.

Le 23 février 2015, Rybolovlev invite Tania Rappo à dîner chez lui dans sa villa La Belle Époque. Bersheda est également invitée. La table est somptueuse avec du caviar, du vin et de la vodka. Rappo a même l'impression qu'on la soûle délibérément. Il s'est avéré que Bersheda avait enregistré la conversation sur son téléphone pour l'utiliser comme preuve judiciaire et qu'elle avait versé de l'alcool dans la boisson de Tania pour la faire parler. À la fin du dîner, Rybolovlev demande à Rappo d'inviter Bouvier chez lui le 25 février afin qu'ils puissent discuter des questions en suspens. Bouvier accepte, pensant qu'il allait enfin recevoir les 60 millions de dollars que Rybolovlev lui devait pour le Rothko.

Comme dans le cas de l'arrestation d'Elena Rybolovleva l'« opération » est coordonnée par Bersheda. Elle informe la police monégasque de l'heure exacte de l'arrivée de Bouvier au domicile de Rybolovlev. Bouvier s'envole de Genève pour Nice aux premières heures du 25 février dans un jet privé, puis il se rend à Monaco dans une Mercedes noire avec chauffeur, se promène un peu sur le port pour admirer les bateaux car il est arrivé tôt et à 10 heures précises, comme convenu, il sonne à l'entrée de l'immeuble. « Lorsque j'ai appuyé sur la sonnette, se souvient Bouvier, deux hommes se sont précipités sur moi. Pendant une seconde, j'ai cru qu'il s'agissait des gardes du corps de Dmitri. Mais ils m'ont montré des papiers de police, m'ont menotté et m'ont serré très fort. Plus tard, j'ai appris qu'il s'agissait d'agents de la brigade des stupéfiants. Ils m'ont ensuite emmené en voiture au poste de police. Lorsque nous sommes arrivés, l'un des hommes m'a dit : « Mets un foulard sur tes mains pour qu'on ne voie pas les menottes. » Je n'ai rien compris à ce qui m'arrivait. »

Neuf policiers ont arrêté Bouvier. Ils font partie de la brigade des stupéfiants. Bouvier est accusé de fraude et de blanchiment d'argent. Rappo est arrêtée le même jour.

« La police est venue, se souvient-elle plus tard, et m'a montré des papiers. Il y avait beaucoup de policiers. J'ai regardé les papiers et j'ai vu le nom de la société fiduciaire de Rybolovlev. Je peux vous dire que je n'ai jamais eu de problèmes avec la justice, et je suis une femme d'âge mûr.

Je n'ai même jamais eu de contravention. J'ai réussi à vivre jusqu'à un âge avancé sans problème. Et j'ai eu je ne sais combien de flics à ma porte. Je serais probablement morte – j'étais en état de choc – si je n'avais pas eu connaissance de l'histoire de la bague de la femme de Rybolovlev à Chypre. Je pense que c'est ce qui m'a sauvé la vie. Lorsque j'ai vu son nom sur l'enveloppe et que j'ai vu ces policiers, j'ai pensé qu'il s'agissait d'une autre de ces histoires dans lesquelles il agissait de façon étrange. Je ne savais pas ce que c'était. Mais d'une certaine manière, cela m'a sauvé. À Chypre j'avais eu le sentiment que c'était une personne très manipulatrice et assez cynique. J'ai simplement pensé qu'il s'agissait d'une autre de ses folles concoctions.

La plainte qu'ils avaient déposée visait Bouvier, mon nom n'était même pas mentionné dans cette plainte. J'ai été victime du fait que je vis à Monaco. Cette histoire est tellement incroyable, tellement incroyable ! Rybolovlev a déposé des plaintes contre Bouvier au sujet des tableaux. Mais aucun de ces tableaux n'est entré à Monaco. Les sociétés de Rybolovlev sont offshores. Elles n'ont rien à voir avec Monaco. La société de Bouvier, la société du vendeur, est une société offshore. Toutes ces sociétés n'ont rien à voir avec Monaco. Cette histoire n'avait aucune raison de se dérouler à Monaco. Mais Rybolovlev était manifestement prêt à tout pour lier cette affaire à Monaco. Et maintenant, nous avons beaucoup d'éléments qui expliquent les raisons pour lesquelles il voulait le faire à Monaco, il s'y sentait tellement à l'aise. Mon seul tort était de vivre à Monaco et de percevoir des commissions sur leurs transactions, que je ne connaissais pas très bien, mais qui étaient tout à fait légitimes. Mais je suis une résidente de Monaco. La seule raison pour laquelle toute cette histoire concernait Monaco était donc que j'y étais impliqué. Même si je ne figurais pas dans la plainte. Je n'existe pas dans la plainte !

Après cela, des choses encore plus incroyables se sont produites. Je me suis retrouvée dans cette histoire avec des documents falsifiés de la banque HSBC. La banque, dont Rybolovlev était un très gros client, a produit de faux documents disant que j'avais des sociétés communes avec Bouvier, ce qui est absolument faux. Elle a remplacé le nom de mon mari par celui de Bouvier dans les documents, ce qui est totalement ubuesque. Mais elle a prétendu que si j'avais des sociétés avec Bouvier, le fait que j'ai perçu de l'argent issu de commissions et que j'ai ensuite investi dans des sociétés avec lui pouvait donner lieu à une enquête, ce qui est complètement absurde. »

Le 26 février, Haget envoie un SMS à Bersheda pour l'informer de l'évolution de l'affaire : « Tetiana, nous profiterons de la comparution de demain pour insister sur la compétence de Monaco. Nous nous efforçons d'obtenir du juge qu'il prolonge l'ordonnance de garde à vue lors de l'audience de demain. Nous nous rencontrons vers 10 heures pour discuter de tous les aspects de l'affaire. Je vous souhaite une bonne soirée. Christophe. »

Les avocats des sociétés de Rybolovlev affirment que Bouvier a escroqué leur client de 1 049 465 009 dollars.

Clarifions certains chiffres. Lorsque les avocats de Rybolovlev ont déterminé le montant de la perte, ils ne pouvaient pas connaître les prix d'achat de Bouvier, à l'exception de l'unique tableau de Modigliani acheté par Bouvier à Steven Cohen, qui est, au moins formellement, à l'origine du scandale.

Si l'on admet que Rybolovlev a investi 2 milliards de dollars dans les tableaux qu'il a achetés à Bouvier (bien qu'en réalité le chiffre soit inférieur, 1,8 milliard de dollars), l'affirmation selon laquelle Bouvier a gagné un milliard de dollars grâce à Rybolovlev est erronée. En fait, les revenus de Bouvier provenant de la revente d'œuvres d'art à Rybolovlev se sont élevés à environ 325 millions de dollars : 5 % du prix de vente de tous les tableaux, 90 millions de dollars, sur un total de 1,8 milliard de dollars (et non 2 milliards), ont été versés par Bouvier à l'intermédiaire qui l'avait présenté à Rybolovlev, Tania Rappo. C'était la coutume dans le monde de l'art : si quelqu'un amenait un acheteur à une galerie, il recevait 10 % en échange. Dans le cas de Rappo, un accord verbal avait été conclu sur 5 % de toutes les sommes que Bouvier recevrait de Rybolovlev.

« Bouvier a été très correct avec moi, se souvient Rappo. Lorsque je l'ai présenté à Rybolovlev, Bouvier m'a dit qu'à chaque fois qu'il lui achèterait un tableau, je toucherais une commission. Je ne l'ai pas cru, d'autant plus que je n'avais aucun contrat avec lui. Bouvier m'a pourtant versé une commission chaque fois qu'il vendait un tableau. Mais lorsque je les ai présentés, personne ne pensait que ce type [Rybolovlev] achèterait pour près de 2 milliards de dollars de tableaux. Ma commission était de 5 %. C'était beaucoup d'argent, des sommes folles. Mais c'était une commission normale dans le monde de l'art, entre 5 et 10 %. Parfois, il me donnait plus, parfois moins. Il aurait pu s'arrêter à tout moment. Mais tous ceux qui connaissent Bouvier, qui ont travaillé avec lui, savent que c'est un homme qui fait des affaires sur la base d'une poignée de main, et ne trompe personne, jamais. Il avait le profil d'un homme de la vieille école. Il jouissait d'une excellente réputation dans le monde des affaires. Je vous dis que je n'avais pas de contrat avec lui, il aurait pu arrêter à tout moment. Il connaissait déjà Rybolovlev, il aurait pu me dire : "Tu as déjà assez d'argent". Mais il se comportait de la même manière avec d'autres personnes, pas seulement avec moi. »

Il est juste de souligner que Rybolovlev, à en juger par les minutes des procès, ne s'est jamais plaint des prix auxquels il a acheté les tableaux. Il a reconnu que les prix de Bouvier étaient corrects. La plainte ne portait pas sur le fait que Bouvier gagnait de l'argent sur ces tableaux, mais sur le fait qu'il devait, selon Rybolovlev, recevoir une commission de seulement 2 % sur les ventes, ce qui représenterait 36 millions de dollars sur un chiffre d'affaires total de 1,8 milliard de dollars. Étant donné que Bouvier a payé 90 millions de dollars de commission à la seule Rappo, une telle affirmation est absurde. Rybolovlev, si l'on suit sa logique et ses chiffres, a surpayé Bouvier de 289 millions de dollars, mais pas encore d'un milliard.

L'arrestation de Bouvier à Monaco n'a rien à voir avec les tableaux et les « deux milliards » versés à Bouvier, mais tout à voir avec les ports francs de Bouvier, que Rybolovlev envisage de transférer à ses structures. Les avocats de Rybolovlev ont donc délibérément gonflé le montant des dommages, en utilisant des estimations qui ne reposaient en rien sur des analyses d'experts et des chiffres réels. Rybolovlev voulait obtenir une somme astronomique pour pouvoir inclure tout ce que Bouvier possédait, y compris les ports francs de Singapour et du Luxembourg. Si le tribunal de Singapour avait jugé valable la demande administrative de Rybolovlev contre Bouvier pour, disons, un milliard de dollars, cela aurait signifié qu'absolument tous les actifs de Bouvier auraient été transférés à Rybolovlev, y compris les « ports » de Luxembourg et de Singapour.

Le 12 mars 2015, la société de Rybolovlev dépose des demandes à Singapour, où se trouve le port franc de Bouvier, et à Hong Kong, pour obtenir une ordonnance mondiale gelant les actifs de Bouvier et de ses sociétés, et indemnisant Rybolovlev pour les dommages causés par Bouvier pour un montant de 1,1 milliard de dollars.

Bouvier a donc été attiré dans la principauté de Monaco contrôlée par Rybolovlev, arrêté et mis en cellule. Rybolovlev pensait que le juge monégasque qu'il semble avoir soudoyé ordonnerait le maintien en détention de Bouvier jusqu'à ce qu'un jugement soit rendu (ce qui pouvait prendre trois mois). Rybolovlev, qui avait beaucoup de pouvoir à Monaco, pensait maintenir Bouvier en détention jusqu'à ce qu'il soit condamné.

En Russie, le système de saisie des biens était couramment pratiqué. En ce sens, Rybolovlev n'a rien inventé. Il s'est contenté d'utiliser son expérience russe et celle d'autres personnes, et surtout, il a répété la même opération qu'il avait tenté de réaliser contre sa femme, arrêtée en présence de Bouvier à Chypre, sans grand succès.

Bouvier et Rappo sont interrogés sur des accusations de fraude et de blanchiment d'argent. Les autorités les inculpent et ont l'intention de les maintenir en détention pendant un certain temps. Mais Bouvier a de la chance : trois jours après les interrogatoires et une confrontation avec Rybolovlev, au cours de laquelle, selon Bouvier, Rybolovlev a évité de le regarder dans les yeux, il est libéré contre une caution de 10 millions d'euros par un juge qui n'était pas au courant de la collusion de Rybolovlev avec la police monégasque. Rappo est libéré en même temps.

Bouvier quitte immédiatement Monaco et dépose une demande reconventionnelle contre Rybolovlev. Selon des témoins, Rybolovlev était absolument furieux de l'incompétence et de la stupidité de ses subordonnés qui avaient laissé Bouvier s'échapper. Ayant réalisé que le plan de raid sur les ports francs de Bouvier avait échoué, il s'envole immédiatement pour Moscou afin de coordonner d'autres actions avec ses partenaires.

Il faut dire que Rybolovlev préparait cette opération depuis longtemps et que l'arrestation de Bouvier n'était en rien spontanée. Un plan de détention de Bouvier avait été convenu à l'avance avec la police monégasque, un communiqué sur son arrestation préparé, communiqué qui, par inadvertance, a été donné à la presse avant même que l'arrestation n'ait lieu. Rybolovlev avait également engagé l'ancien chef des services secrets français, aujourd'hui à la retraite, pour lui garantir l'accès à des informations classifiées liées à ses affaires judiciaires. Il avait pris en charge le salaire d'un responsable des relations publiques qui travaillait pour le ministère de la Défense pensant que cela lui permettrait de contrôler les médias français. Il avait engagé six détectives privés pour suivre Bouvier (ce qu'ils ont fait). Par l'intermédiaire d'avocats, après la sortie de prison de Bouvier à Monaco, il a fait saisir toutes les finances de Bouvier. Il a envoyé des lettres à toutes les personnes importantes du monde de l'art, les menaçant si elles continuaient à coopérer avec Bouvier ; elles seraient alors considérées comme complices de crimes. Il a rédigé des dénonciations contre Bouvier à la police fiscale et a fait publier des articles dénigrant Bouvier dans la presse.

Rybolovlev ne s'est pas rendu compte que le système judiciaire et gouvernemental en Suisse fonctionnait différemment de celui de Perm, de Monaco et de Chypre. « Un soir en Suisse, j'ai accompagné Dmitri et Elena à un dîner avec des hommes d'affaires et des avocats de la classe moyenne supérieure de Genève, raconte Tania Rappo. Expliquant pourquoi il était déçu par la Suisse, Rybolovlev a déclaré : « Lorsque j'étais en Russie, je pensais que votre pays était le seul véritable pays capitaliste d'Europe. Je pensais que les gens qui avaient de l'argent avaient du pouvoir, contrôlaient le système judiciaire, la police et le gouvernement. Mais il y a des référendums et des socialistes au parlement. »

Rybolovlev était sincèrement convaincu que l'on pouvait acheter tout le monde et partout, que s'il donnait de l'argent à Bouvier et qu'il cachait ses tableaux aux yeux de ses avocats et de sa femme, Bouvier continuerait à l'aider et deviendrait son esclave, d'autant plus que les 60 millions de dollars impayés pour le Rothko ne lui avaient toujours pas été versés. Expliquez à Rybolovlev qu'en Suisse, dès que vous vous adressez à un juge pour lui dire : « Écoutez, vous pouvez gagner quelque chose... », vous êtes arrêté et emprisonné, c'est impossible. Rybolovlev pensait que cela ne pouvait pas arriver, qu'en Europe comme en Russie, la justice pouvait être achetée.

Après sa brève arrestation puis sa libération à Monaco en 2015, Bouvier rompt bien entendu tout contact avec Rybolovlev. En garde à vue, lors d'une confrontation, après la fin de leur échange et la signature du protocole, Bouvier avait dit à Rybolovlev qu'il était prêt à racheter tous les chefs-d'œuvre qu'il lui avait vendus à leur prix d'origine, mais qu'il demandait un an pour trouver l'argent. Rybolovlev avait refusé catégoriquement.

Bouvier avait effectivement ouvert des ports francs avec le produit de la revente de tableaux à Rybolovlev. Mais pendant de nombreuses années, Rybolovlev ne s'était pas soucié du montant qu'il avait payé pour les tableaux de Bouvier, car il ne s'agissait pas de dépenses, mais d'investissements de son propre argent et/ou de l'argent d'autres personnes, comme dans le cas de Trump. En même temps, Rybolovlev – et c'est là le principal malentendu – considérait sincèrement que les ports francs étaient les siens, puisqu'ils avaient été construits, selon lui, avec son argent. Il a déclaré un jour aux enquêteurs suisses qu'il avait « investi » « un milliard de dollars » dans Bouvier. C'est bien cela, « investi » ! Aujourd'hui, pensait Rybolovlev, il était temps de rentabiliser son investissement.

Aucun accord n'avait été signé entre Rybolovlev et Bouvier. Ce n'était pas inhabituel pour le Russe ; la plupart de ses affaires, surtout au début de sa carrière, avaient été basées sur des accords verbaux. Troutnev, par exemple, était également un partenaire occulte. De son côté, le Suisse Bouvier, homme de parole selon beaucoup, avait tout bâti dans le monde des affaires et de l'art sur le bouche à oreille, la confiance et une réputation acquise au fil des ans. Ce n'était donc pas la première fois qu'il scellait un contrat par une poignée de main. Bouvier ne prenait aucun risque, car les « ports » étaient enregistrés à son nom et ne pouvaient fonctionner sans lui. Les clients devaient faire confiance au maître, et ce maître était Bouvier et ne pouvait être l'homme d'affaires russe Rybolovlev, qui avait purgé une peine de 11 mois de prison pour avoir été soupçonné d'avoir commandité un meurtre. Rybolovlev ne risquait rien non plus : il y avait trop de transactions conjointes, trop d'argent que Bouvier avait gagné et pouvait gagner avec l'aide de Rybolovlev. Et il fallait être un « idiot » pour le larguer dès le premier milliard.

On peut évidemment supposer que Rybolovlev, qui est passé par une prison russe, a monté son entreprise dans les folles années 90 en Russie, est devenu milliardaire et a quitté la Russie avec son argent sans aucun problème, ne savait pas ce qu'il faisait et qu'il a simplement donné à Bouvier des centaines de millions de dollars. Mais il ne les a donnés ainsi à personne d'autre qu'à Bouvier et à Trump.

Le 21 août 2015, le tribunal de Singapour rejette la plainte de Rybolovlev contre Bouvier visant à obtenir le gel de ses avoirs. Le 4 septembre 2015, le tribunal de Hong

Kong rejette également la plainte de Rybolovlev. Dès lors, les poursuites engagées par Rybolovlev et ses sociétés contre Bouvier s'essoufflent, et Bouvier et Rappo passent à l'offensive.

En août 2015, une enquête pénale est ouverte à Genève contre Rybolovlev et Bersheda pour corruption, sur la base d'une plainte pénale déposée par Bouvier. La plainte explique que Rybolovlev et Bersheda ont demandé à Bouvier d'influencer la décision des juges d'appel dans la procédure de divorce entre Elena et Dmitri Rybolovlev, qui s'élevait à plusieurs milliards de dollars. Bouvier a retrouvé, ce qui a pris un certain temps, et remis au bureau du procureur de Genève, la note manuscrite avec la liste des juges et le numéro de l'affaire que Bersheda lui avait donnée. Les empreintes digitales de Bersheda ont été préservées et elles sont identifiées. Bersheda reconnaît avoir remis la liste à Bouvier, mais affirme qu'il s'agissait de vérifier que les juges n'avaient pas de conflit d'intérêts.

Un procureur suisse a enquêté sur l'affaire pendant deux ans et a conclu que les événements décrits par Bouvier étaient exacts : « La transmission de la liste, confirme l'allégation de Bouvier selon laquelle il lui a été demandé de corrompre et/ou de faire chanter les juges qui ont entendu l'appel de Rybolovlev contre le jugement du tribunal en première instance dans une affaire de divorce, par quelque moyen que ce soit et quel qu'en soit le coût », a écrit le procureur dans son avis juridique.

Entre-temps, Tania Rappo a déposé une plainte au pénal contre Bersheda pour avoir enregistré illégalement une conversation privée avec elle au sujet de Bouvier à La Belle Époque, le 23 février 2015, Rappo ayant appris lors de sa garde à vue que Bersheda avait remis à la police un CD contenant des extraits de la conversation. Le 26 février, alors que Bouvier et Rappo étaient toujours en garde à vue, la transcription française de la conversation avait été envoyée par Bersheda depuis son téléphone aux enquêteurs français chargés de l'enquête sur Bouvier et Rappo. Rappo dépose donc plainte contre Rybolovlev, Bersheda et HSBC pour complicité d'arrestation et atteinte à la vie privée.

Dans le petit État de Monaco, les juges sont envoyés de France en vertu de l'accord franco-monégasque. La plainte de Rappo est entendue par le magistrat Édouard Levrault, qui vient d'être détaché à Monaco et n'a pas été impliqué dans le complot de Rybolovlev. Après avoir examiné les preuves qui lui ont été présentées, le juge décide que la plainte de Rappo pour piège est justifiée et ouvre une enquête. Fin 2015, Levrault demande à Bersheda de lui remettre le téléphone à partir duquel la conversation avec Rappo a été enregistrée afin de vérifier si l'enregistrement original correspondait aux informations figurant sur le CD que Bersheda a remis à la police.

Levrault transmet les messages trouvés dans le téléphone de Bersheda à son collègue, le juge Morgan Raymond. Sur la base de ces messages, un rapport est rédigé indiquant que l'arrestation de Bouvier était un complot organisé par Rybolovlev avec l'aide de son avocat, du ministre de la Justice de Monaco, de son chef de la police et de ses officiers. Le rapport comprend des citations. Notamment, le fait que le 23 février 2015, Bersheda a alerté les policiers Haget et Fusari des mouvements de Bouvier et de sa visite prévue (à son invitation). Elle a ensuite informé Fusari que Bouvier arriverait à Monaco deux jours plus tard : « Il sera là le 25 au matin. C'est une certitude. Nous devons nous en tenir au plan A. Rappelez-moi dès que possible. Merci, Tetiana. » écrit Bersheda au chef de la police la veille de l'arrestation de Bouvier. Le lendemain, elle écrit : « Bouvier a confirmé une réunion pour demain à 10 h 00. Pourriez-vous me rappeler ? »

Le 2 mars, après la sortie de prison de Bouvier, Bersheda demande : « Serez-vous au bureau aujourd'hui ? DR [Dmitri Rybolovlev] aimerait vous rencontrer pour analyser la situation et discuter de ce qu'il faut faire avant qu'il ne quitte Monaco demain pour une semaine. »

En février 2016, Bersheda est inculpée et placée en détention. Elle fait l'objet d'une enquête pour violation de la vie privée. Tous les messages du téléphone remis par Bersheda ont été effacés au préalable. Le magistrat ordonne alors un examen approfondi du téléphone et, en juillet 2016, un expert a pu récupérer tous les textes effacés, y compris quelque 8 900 SMS datant du 20 juillet 2013 au 17 novembre 2015. Le contenu de ces messages révèle les tactiques et les intrigues de Rybolovlev, confirmant que Monaco et Chypre sont les deux pays où l'oligarque s'est réellement tiré d'affaire.

Libérée sous caution, Bersheda fuit Monaco pour Londres, après avoir vidé son compte bancaire monégasque de 17 millions d'euros.

Finalement, c'est Rybolovlev, et non son ex-femme, qui gagnera sur le plan financier. En juin 2015, une cour d'appel juge qu'Elena n'a pas compétence sur les fiducies familiales enregistrées à Chypre et ordonne à Rybolovlev de verser à son ex-femme une somme beaucoup plus modeste : 564 millions de francs suisses (534 millions d'euros). Cette décision est prise dans le cadre d'une enquête ouverte à la suite de l'action en justice intentée par Bouvier. Pendant un certain temps, le bureau du procureur tente de déterminer si le nouvel accord sur une somme aussi faible est le résultat de pressions exercées par Rybolovlev sur le tribunal suisse. Il décide finalement que ce n'est pas le cas. En octobre 2015, Elena accepte un arrangement non divulgué avec Dmitri dans lequel ils s'accordent à cesser mutuellement d'intenter des procédures. En incluant l'argent du divorce, Rybolovleva aurait pu recevoir environ 1 milliard de dollars. La procédure de divorce la plus coûteuse et la plus scandaleuse de l'histoire a été finalisée, bien que Rybolovlev n'ait toujours pas payé une partie du montant total, le laissant comme levier pour faire pression sur Elena à l'avenir.

Lorsqu'en juillet 2017 le juge Raymond appelle Rybolovlev afin qu'il témoigne sous serment, il lui demande s'il a vraiment affirmé qu'il y avait trois endroits dans le monde où il pouvait faire tout ce qu'il voulait : Chypre, Skorpios et Monaco. Il lui demande également comment la police avait su qu'il rencontrerait Bouvier, pourquoi elle l'avait attendu sur le pas de sa porte et pourquoi il avait accusé Bouvier de l'avoir escroqué avec des œuvres d'art appartenant à la fiducie Domus à Chypre, alors qu'il a lui-même affirmé dans une autre affaire à Monaco que les chefs-d'œuvre ne lui appartenaient pas.

À la suite de ses déboires juridiques, Rybolovlev a envisagé de vendre ses peintures. En 2017, il a commencé à mettre sa collection sur le marché, à des prix apparemment bas. Cela peut s'expliquer par une stratégie consistant à faire baisser la valeur de la collection pendant la durée de son divorce. En tout cas, lors de la vente des trois premiers chefs-d'œuvre aux enchères chez Christie's en février 2017, Rybolovlev perd environ 100 millions de dollars[2]. La vente des quatre suivants lui coûte 150 millions de dollars[3].

S'engage alors une campagne médiatique de dénigrement contre Bouvier dans le monde de l'art – non sans l'aide de Rybolovlev –, et la nouvelle se répand rapidement que Bouvier a vendu les tableaux à Rybolovlev le double de leur prix, et que le « malheureux Rybolovlev », désormais à court d'argent, a été contraint de vendre ses chefs-d'œuvre à perte. C'est à ce moment-là que les experts commencent à soupçonner que les achats d'art de Rybolovlev étaient destinés à des fins autres que la collection ou même l'investissement[4]. Comment expliquer, par exemple, l'achat par Rybolovlev d'une copie d'une sculpture en bronze de Rodin, coulée en 2010, pour 10,4 millions de dollars ?

« Il y a deux types d'objets d'art, philosophe Bouvier. Le premier type est acheté pour décorer quelque chose. Le second est acheté comme un investissement. Tout ce qui était de Rodin, Mayol, un autre Rodin, c'était pour décorer une terrasse ou un appartement à Monaco parce qu'il voulait les mettre au bord de la piscine. Il voulait décorer son appartement. Il a acheté le Rodin pour 8 millions. Une personne normale aurait dépensé 100 francs pour cela, grosso modo. Ces objets d'art ne sont, pour Rybolovlev, que des décorations, des décorations de sa maison. Il a acheté un appartement à Monaco pour 320 millions. Dépenser 20 à 30 millions pour des bijoux, ou des Rodin, n'est pas un problème pour lui. »

Selon Bouvier, il aurait pu gagner jusqu'à un milliard de dollars grâce à la revente des tableaux, s'il avait suivi ses conseils. Par exemple, il a acheté à Bouvier trois nus de Modigliani pour 160 millions de dollars, or deux nus du même artiste, qui n'appartenaient pas à Rybolovlev, ont été vendus aux enchères pour 340 millions de dollars. Le Van Gogh, acheté à Bouvier pour 17 millions de dollars, a été revendu pour 53 millions de dollars. Le *Mousquetaire à la pipe* de Picasso, acheté pour 12,5 millions de dollars, a été revendu pour 30. Le Klimt, acheté pour 183 millions de dollars, a été vendu de gré à gré pour un prix à peine plus élevé, environ 200 millions de dollars, mais *Les Noces de Pierrette* de Picasso, acheté à Bouvier pour 43,8 millions de dollars, ont également été vendues, de gré à gré, pour près de 200 millions de dollars. Au final, Rybolovlev a vendu pour environ 1,2 milliard de dollars d'œuvres d'art, mais cela ne lui a rapporté que 320 millions, même s'il lui en restait encore beaucoup (le Picasso, par exemple, avait été acheté par l'intermédiaire de Bouvier avec six autres pièces). À cause de ce manque à gagner, Rybolovlev se trouve devoir vendre le tableau de Magritte.

En 2013, il avait été convenu de le prêter au Museum of Modern Art de New York pour une exposition. On avait même fait imprimer un catalogue avec le Magritte. Mais au dernier moment, Rybolovlev avait refusé de le prêter en raison de son divorce à venir, craignant que le tableau ne soit saisi. Bouvier, afin de sauver la réputation du musée, qui se retrouvait sans Magritte avait alors émis une soi-disant « garantie d'État », cette garantie étant un document produit par le gouvernement américain assurant le propriétaire contre toute sanction à l'encontre de sa propriété. Malgré cela, Rybolovlev avait refusé que le tableau soit exposé.

En 2015, une grande exposition Magritte avait été organisée au musée Pompidou à Paris. Rybolovlev avait à nouveau refusé d'y exposer le tableau. Si bien que lorsqu'il a mis le tableau en vente, les acheteurs potentiels ont refusé de l'acheter au prix du marché parce qu'ils pensaient qu'il y avait un problème avec une pièce qui n'avait pas participé à deux expositions Magritte successives. Or il n'y avait pas de problème avec le tableau. Le problème, c'était Rybolovlev.

Rybolovlev tente de vendre un autre Picasso à Londres, tandis que Bouvier, en collaboration avec Christie's, lui écrit qu'un tableau de cette taille doit être vendu à New York. Si Rybolovlev avait accepté d'attendre seulement quatre mois, il aurait réussi à vendre son Picasso à New York. Mais Rybolovlev a voulu s'en tenir à son idée, a mis le tableau aux enchères à Londres et a perdu.

« Chaque peinture a un prix que quelqu'un est prêt à payer, a déclaré Bouvier. Dmitri a des tableaux vraiment inhabituels. Si sa collection perd de la valeur, c'est de sa faute : c'est lui qui a provoqué ce scandale. Si vous criez partout que vos tableaux ne valent pas ce que vous avez payé, ils ont déjà perdu de leur valeur. »

Mais, la vente précipitée des tableaux pourrait être due à d'autres raisons. Le divorce de Rybolovlev a fait beaucoup de bruit et a attiré l'attention sur Rybolovlev et sur son argent. En supposant qu'il ait aussi pu être le dépositaire de l'argent d'autrui ou qu'il ait acheté des chefs-d'œuvre pour ses partenaires, ceux-ci, dans le contexte des nombreux conflits, comme celui qui oppose Bouvier à Rybolovlev, et qui porte sur une valeur d'un milliard de dollars, auraient pu craindre pour leurs investissements et exiger leur restitution immédiate. Or, les partenaires de Rybolovlev étaient très sérieux et très haut placés, et il était mortellement dangereux d'entrer en conflit avec eux.

Se méfiant de tout et de tous, Rybolovlev menait une vie très secrète, ne rencontrant que son avocat et son coiffeur. À l'extérieur de son domicile, il apparaissait entouré de cinq, voire huit gardes du corps, craignant manifestement pour sa vie. Son chalet de Gstaad, en Suisse, était équipé d'une *panic room* aux murs blindés et aux fenêtres obscurcies à l'épreuve des balles, de sorte qu'il était impossible de voir de l'extérieur ce qui se passait à l'intérieur. Lorsqu'il parlait à quelqu'un chez lui, il choisissait l'endroit le plus sûr, de préférence loin de la fenêtre. Sur son premier super yacht, *Anna I*, immatriculé aux îles Caïmans, long de 67 mètres et coûtant 65 millions de dollars, (Rybolovlev en a été le propriétaire de 2007 à 2021), il avait aménagé sa cabine à l'étage sans fenêtre afin qu'on ne puisse pas voir ce qui se passait à l'intérieur. Dans le restaurant, toutes les bouteilles et même les yaourts devaient être ouverts devant lui, sinon il ne les touchait pas de peur d'être empoisonné. Sa femme Elena pensait qu'il avait peur de la mafia parce qu'après la vente d'Uralkali, il ne l'avait pas remboursée. Il lui était difficile de supposer que Rybolovlev était l'un des chefs de cette même mafia qu'il avait toujours redoutée.

« Lorsque vous quittez la Russie avec autant d'argent, et compte tenu de toutes vos dépenses, il est impossible de couper tous vos liens avec la Russie, a déclaré Bouvier à propos de Rybolovlev. Il a rencontré Poutine. Il a pris l'avion pour assister aux anniversaires de Troutnev. » C'est ce que Rybolovlev a lui-même raconté. Mais il y a une autre personne dont Rybolovlev n'a jamais parlé : le général Ezoubtchenko.

Il s'est avéré qu'en 2002, la fortune du général était estimée à environ 7,5 milliards d'euros et qu'il avait gagné 2,5 milliards d'euros sur la vente d'Uralkali (il s'agissait de sa part, soit environ un tiers). Cela signifiait que la vente d'Uralkali avait rapporté beaucoup plus d'argent que les 9 milliards de dollars à plusieurs personnes. C'est le point de vue de Bouvier :

« Rybolovlev a vendu Uralkali. Mais il possédait d'autres sociétés liées à la potasse, et a conservé ses intérêts commerciaux dans la potasse. Il possédait également des sociétés commerciales. La plupart des actifs d'Uralkali ont été transférés à d'autres sociétés. Le principal client d'Uralkali était la Chine, qui avait besoin d'engrais. Tout ce qui concernait la collaboration avec la Chine était géré par une société intermédiaire, et les bénéfices étaient déposés en Chine. Oui, officiellement, Rybolovlev a vendu Uralkali pour 7, 8 ou 9 milliards de dollars, mais tout ce qui concerne les organisations intermédiaires, et leurs bénéfices, il l'a vendu plus tard parce que ceux qui ont acheté Uralkali n'avaient pas besoin d'un seul Uralkali, ils avaient besoin de tout. Il y avait donc beaucoup plus d'argent. Ce n'était peut-être pas son argent, mais il y avait beaucoup plus d'argent. [...] Les collectionneurs n'investissent généralement pas plus de 10 % de leur patrimoine dans l'art. Les gens gardent de l'argent, souvent pour l'investir en Bourse, dans une nouvelle entreprise ou dans certains produits financiers. Mais dépenser autant et aussi facilement est très étrange, et c'est pourquoi je suis sûr que ces deux milliards ne représentaient pas un quart de l'argent de Rybolovlev. Je suis sûr qu'il a une sorte de tirelire à laquelle il a accès, où il y a beaucoup plus d'argent que ce qui est officiellement connu. Il y a beaucoup, beaucoup plus d'argent là-dedans. Il a acheté un nouveau yacht pour 250 millions de dollars. Il va construire un autre yacht, dont il m'a dit 2014 : “C'est cher, ça coûte 800 millions.” Si vous ne disposez que de 6, 7 milliards de dollars, vous ne dépensez 800 millions pour un jouet. La question importante est de savoir quelle part de sa fortune il a investie dans l'art. Il s'agit d'un comportement très inhabituel, étant donné qu'il a dépensé beaucoup d'argent pour des peintures. »

Bouvier fait référence à la construction du super yacht *Anna II* de 110 mètres en Hollande, enregistré ensuite, comme le premier yacht de Rybolovlev, aux îles Caïmans. Il a été acheté en 2018. Il n'aurait coûté « que » 250 à 300 millions de dollars (en fait plutôt 500 millions environ), mais pas 800 millions[5]. Rybolovlev a vendu *Anna I* en 2021 et a acheté un yacht de course de 20 millions de dollars, *Skorpios*, à la place.

« En ce qui concerne son patrimoine, sa richesse officielle a été estimée à 6, 7 milliards, poursuit M. Bouvier. Soit il a beaucoup plus d'argent non comptabilisé, soit il vit à crédit. Car sinon, il est impossible de joindre les deux bouts avec toutes les dépenses qu'il fait. Si vous avez une fortune de 6 milliards, vous ne pouvez pas dépenser deux milliards pour des œuvres d'art et des peintures et deux autres milliards pour des biens immobiliers. Tout ce qui concerne ses jouets – football, yachts, avions – représente un autre milliard. Et un milliard pour payer le divorce à sa femme. Mathématiquement, le compte n'y est pas. Sur les 6 milliards qu'il a reçus, deux milliards, selon sa femme, sont allés à une société. On ne sait pas exactement de quelle entreprise il s'agit – celle de Troutnev, de Loukachenko ou de quelqu'un d'autre, mais ces deux milliards sont allés quelque part. Il est impossible de dépenser une telle somme s'il vous reste, grosso modo, quatre milliards ! Soit il a beaucoup plus d'argent, soit ce qu'il dépense ne lui appartient pas vraiment. [...] Étrangement, lorsqu'il a repris ses achats en 2010, il a acheté des tableaux qui coûtaient deux fois plus cher que les précédents, tout en consacrant deux fois moins de temps à l'évaluation du tableau. Il est difficile de trouver une explication logique. Je ne connais pas la réponse à cette question. Il me semble que c'est quelqu'un d'autre [par l'intermédiaire de Rybolovlev] qui a investi de l'argent dans les tableaux. »

Il y a un autre point obscur. En 2008, Rybolovlev demande à Bouvier de faire réaliser des copies de trois tableaux qu'il avait achetés auparavant. Les copies en question ont été réalisées avec un tel professionnalisme que seul un expert, en retournant le tableau et en examinant la toile, peut se rendre compte qu'il s'agit d'une copie et non de l'original. Le commun des mortels ne pourrait évidemment pas distinguer l'original de la copie. Chaque copie coûte entre 50 et 100 000 euros, et prend 3 à 4 mois à réaliser. Le travail n'est confié qu'à une seule personne : le copiste brésilien Flavio, qui collaborait depuis longtemps avec Bouvier et le connaissait bien. Ses services étaient généralement utilisés par des clients qui vendaient leurs chefs-d'œuvre mais ne voulaient pas que le public le sache, et conservaient donc des copies au lieu de l'original.

Au départ, il était prévu que Rybolovlev commande des copies de toutes les peintures qu'il avait achetées. Mais après les difficultés liées à l'enquête sur l'affaire Setchine et au divorce, début 2009, Rybolovlev donne l'ordre d'arrêter le projet. Seuls trois tableaux sont copiés, et pas les plus chers. Par exemple, un tableau de Modigliani (il y en avait sept au total). Il n'y a pas de corrélation entre le prix du tableau et le fait de décider de le copier.

Ce n'est pas un hasard si Bouvier a mentionné le président biélorusse Alexandre Loukachenko. Rybolovlev est devenu le partenaire stratégique le plus important de Loukachenko, les engrais potassiques étant le deuxième produit d'exportation de la Biélorussie. Les ventes d'engrais potassiques biélorusses étaient réalisées par l'intermédiaire d'une société biélorusse : Belaruskali. En 1992, A. G. Lomakine avait créé l'International Potash Company (IPC), qui réunissait les plus grands producteurs russes d'engrais potassiques : Uralkali et Silvinit, et Belaruskali, qui appartient à 100 % à l'État du Belarus, c'est-à-dire à Loukachenko. En 1994, A. G. Lomakine était devenu directeur général de l'IPC.

Cependant, en 2005, le syndicat avait été dissous. Uralkali (représenté par Rybolovlev) et Belaruskali (représenté par Loukachenko) ayant refusé les services de la CPI, estimant qu'A.G. Lomakine portait atteinte à leurs intérêts en faveur de Silvinit, se sont retirés de la CPI et ont créé leur propre société commune : Belarusian Potash Company (BPC), dont Uralkali détient 50 %, Belarus Potash 45 % et Belarusian Railways, qui a pris en charge le transport des produits, 5 %.

Le commerce de la potasse a soutenu le régime biélorusse, et BPC a contribué à fournir à la Biélorussie les liquidités en devises fortes dont elle avait besoin, en particulier après que les États-Unis ont imposé des sanctions de grande ampleur contre le régime de Loukachenko. Rybolovlev est donc devenu extrêmement important pour le Kremlin en tant que gestionnaire des principales relations commerciales entre le Belarus et la Russie.

Belaruskali est devenu l'un des plus grands producteurs mondiaux et le plus grand producteur d'engrais minéraux à base de potasse de la Communauté des États indépendants (CEI). Il s'agit d'un cartel international de la potasse, qui contrôle environ 42 % du marché mondial des engrais potassiques et garantit des prix de marché élevés pour le produit. BPC a exporté jusqu'à 80 % de sa production d'engrais potassiques vers plus de 50 pays. En 2008, afin d'améliorer la position de BPC, Loukachenko a accordé à l'entreprise d'importantes incitations fiscales.

Loukachenko et Rybolovlev se sont mis d'accord sur les volumes de vente, ont réglementé la production de potasse et ont ainsi contrôlé le prix de la potasse et des engrais potassiques. Rybolovlev n'hésitait pas à prendre l'avion plusieurs fois par an pour Minsk afin de rencontrer Loukachenko et séjourner chez lui. Des réunions secrètes avaient également lieu en Allemagne, dans l'une des cliniques où les deux hommes venaient consulter. À Chypre, Loukachenko et Rybolovlev passaient du temps ensemble sur un yacht. Selon l'épouse de Rybolovlev, Loukachenko aurait même proposé à son mari le poste de ministre du Commerce. L'aspect financier de ce partenariat réside dans le fait que Loukachenko accordait à Rybolovlev des droits exclusifs sur le commerce des produits bélarussiens, tandis que des milliards de dollars, qui représentaient la part de Loukachenko dans les bénéfices totaux, étaient déposés à Chypre.

C'est également là qu'étaient déposés les milliards d'Ezoubtchenko, qui, comme Rybolovlev, était un actionnaire important de la Banque de Chypre. Se pourrait-il que les tableaux aient été achetés pour le général Ezoubtchenko et que ce soit la raison pour laquelle Rybolovlev avait demandé à Bouvier de transférer les tableaux à Chypre juste avant l'arrestation de Bouvier à Monaco ? Ou peut-être ont-ils été achetés pour Sergueï Pavlovitch Ezoubtchenko, le petit-fils du général ?

Le fait est que le général Ezoubtchenko a eu deux enfants : Pavel et Julia. Au fil du temps, ils sont également devenus officiers du FSB, Pavel Sergueïevitch Ezoubtchenko accédant au grade de général de division et au poste de chef adjoint du département de contre-espionnage militaire du FSB. De 2006 à 2022, il a également été chef adjoint du service de sécurité de la Sberbank.

Pavel Sergueïevitch Ezoubtchenko est le père d'un enfant nommé Sergueï en l'honneur de son grand-père. Fin 2018, son grand-père général lui a confié une participation dans une banque chypriote. À cette date, cependant, la banque connaissait de graves difficultés. Elle avait abrité la fortune de nombreux Russes et avait été liée à plusieurs scandales, dont un prêt de 35 millions d'euros à 13 membres du parlement chypriote qui n'avaient remboursé ni la dette ni les intérêts. En mars 2013, la banque a été frappée par des difficultés économiques et avait dû faire face à une restructuration importante. Les déposants ayant plus de 100 000 euros sur leurs comptes avaient participé à la recapitalisation de la banque et avaient perdu environ 30 % de leurs fonds. En 2014, la Banque centrale européenne et le Fonds monétaire mondial avaient accordé à Chypre une aide de 10 milliards d'euros pour renflouer le secteur bancaire. Selon les termes de l'accord, de nombreux riches détenteurs de dépôts russes avaient perdu leurs fonds et étaient devenus actionnaires de la banque. La majeure partie de l'argent que Rybolovlev avait placé dans la banque avait fondu au fil du temps et il s'était retrouvé à ne détenir moins de 1 % des actions de la banque, ce qui est néanmoins beaucoup.

Sergueï Ezoubtchenko est devenu l'un des plus proches collaborateurs de Sergueï Kirienko, premier chef adjoint de l'administration présidentielle et superviseur de la politique intérieure du Kremlin. Il a, en outre, supervisé la division divertissement de Gazprom-Media Holding. Enfin, en plus de posséder des actions dans une banque chypriote, le petit-fils du général Ezoubtchenko est, depuis 2019, un partenaire commercial des filles de Rybolovlev, Ekaterina et Anna (qui sont ses cousines au troisième degré), dans la société chypriote offshore Odella Resources Limited et dans un certain nombre de sociétés offshores enregistrées au Monténégro et au Luxembourg.

Dans la brève mais absolument exhaustive biographie officielle du petit-fils d'Ezoubtchenko (aucune information avant 2020), on peut lire ce qui suit à son sujet : « 2020 – Assistant du premier chef adjoint de l'administration du président de la Fédération de Russie S. V. Kirienko. 2020-2021 – Premier directeur général adjoint de la sous-holding Gazprom-Media Entertainment Television. 2021-2022 – Conseiller de Mikhaïl Kousnirovitch, président du conseil de surveillance du groupe Bosco di Ciliegi. 2022 – Directeur général adjoint de Lukoil International Trading and Supply Company. »

Fin août 2022, le chef de cabinet du président Poutine, Anton Vaïno, signe un décret nommant le petit-fils Ezoubtchenko au poste de chef adjoint du département présidentiel de la politique intérieure.

Sergueï Ezoubtchenko, le petit-fils, ne travaillait dans la fonction publique que depuis environ un an. D'après la déclaration d'impôts qu'il a remplie, il n'a rien acquis pendant cette période ; légalement, il n'a ni voiture privée ni appartement. Toutefois, si l'on consulte le registre russe, la situation est tout autre. À cette époque, il a réussi à économiser de l'argent pour acheter un appartement de 475 mètres dans la tour Moskva du complexe de la ville de Moscou (d'une valeur de 325,2 millions de roubles), un appartement de 493 mètres dans le complexe résidentiel Imperial House à Iakimanka (d'une valeur de 612 millions de roubles), un appartement de 305 mètres sur la voie Iakimanka près des Étangs du Patriarche (d'une valeur de 227 millions de roubles), une Mercedes-Benz S600 W222 Maybach, une BMW M760Li AT xDrive et une Mercedes-Benz S500 4MATIC, et à l'étranger, une villa de 327 mètres dans la Principauté de Monaco, enregistrée au nom de Natalia Mikhalkova, chômeuse, avec laquelle le petit-fils d'Ezoubtchenko a entretenu une relation amoureuse. Le taux de change annuel moyen du rouble en 2022 était de 68 roubles pour un dollar.

En retraçant la biographie du petit-fils d'Ezoubtchenko, nous avons délibérément laissé un détail pour la fin : son année de naissance, 2002. Il n'y a aucune information sur sa scolarité. En 2018, lorsque le petit-fils Ezoubtchenko devient actionnaire de la Cyprus Bank, il n'a que 16 ans. Et il devient chef de cabinet adjoint du président Poutine à l'âge de 20 ans.

# 8.

# Le port franc de Vladivostok

C'est en 2012, au plus tard, que Rybolovlev parle des ports francs à son partenaire Troutnev. L'idée de Rybolovlev est à peu près la suivante : on peut rassembler, dans une petite pièce, des milliards et des milliards de dollars d'œuvres d'art, de pierres précieuses, d'or, de diamants et même de vin, or Troutnev a la possibilité et les ressources administratives pour construire un port franc similaire sans concurrence sur son territoire, où tout peut être contrôlé : les douanes, le territoire et la sécurité. Un véritable jackpot.

Troutnev en parle à Poutine. L'idée lui plaît et les ports francs deviennent la nouvelle ambition du trio Rybolovlev-Troutnev-Poutine. Ou plus précisément, après que le projet a été présenté au Président, du trio Poutine-Troutnev-Rybolovlev. Il semble que les promotions de Troutnev depuis 2012 soient liées au projet de création d'un port franc, que l'on a décidé de construire à Vladivostok. En 2013, Troutnev est nommé vice-premier ministre du gouvernement russe et représentant plénipotentiaire du président de la Fédération de Russie pour le district fédéral d'Extrême-Orient.

Bouvier était déjà impliqué dans des affaires sérieuses à Vladivostok. L'un de ses partenaires russes, qui possédait une société de transport, transportait des diamants pour Alrosa via Vladivostok, qui s'imposait progressivement comme centre diamantaire. L'ancien aéroport de Vladivostok avait été affecté à ce projet, où, par exemple, des acheteurs indiens venaient contrôler la taille des diamants. Mais, progressivement, les étrangers avaient été évincés de l'extraction et de la production de diamants, seuls les intérêts de nombreux groupes régionaux russes s'étaient maintenus, et il était devenu très difficile de les écarter du circuit du diamant. La vente de diamants à partir de Vladivostok et le projet de port franc sont deux choses complètement différentes mais ils s'organisent dans un même lieu et rassemblent les mêmes acteurs.

Le 4 décembre 2014, le président Poutine annonce publiquement son intention de créer un port franc à Vladivostok et soumet au gouvernement une proposition visant à accorder à Vladivostok le statut de « port franc doté d'un régime douanier attractif et allégé[1] », dans le but de réorienter le commerce russe vers les marchés asiatiques. Le port franc et la nouvelle orientation commerciale, connue sous le nom de « virage à l'Est », sont destinés à contourner les sanctions financières imposées à la Russie par les États-Unis et l'Union européenne à la suite de l'annexion de la Crimée en mars 2014.

Le 13 juillet 2015, Poutine signe la loi fédérale n° 212-FZ « sur le port franc de Vladivostok ». Elle comprend un amendement très important sur lequel Rybolovlev a insisté (article 30) : « Stockage dans le port franc de Vladivostok de certains types de biens particulièrement précieux, notamment des articles de luxe, des œuvres d'art et des antiquités. » Il s'agissait en premier lieu de stocker des diamants et de l'or russes et de les troquer avec des acheteurs asiatiques par l'intermédiaire des ports francs, en contournant le système bancaire international et les sanctions occidentales. Le 12 octobre, la Douma russe approuve la loi qui entre en vigueur.

Quel début ! La loi sur le port franc de Vladivostok devait couvrir tous les ports d'Extrême-Orient de la Russie, la base sous-marine de la flotte du Pacifique et même l'aéroport du Kamtchatka.

Immédiatement après l'entrée en vigueur de la loi sur le port franc de Vladivostok, il a été question d'étendre le régime de port franc aux principaux ports d'Extrême-Orient. Le gouvernement de la région de Sakhaline a ainsi proposé d'inclure trois ports maritimes de Sakhaline dans la zone du port franc de Vladivostok. Ils sont également inclus dans le projet de loi sur l'expansion de la zone du port franc de Vladivostok. Dans le kraï de Khabarovsk, il a été proposé d'étendre le régime du port franc de Vladivostok à cinq ports, et dans le district autonome de Tchoukotka à quatre ports.

En septembre 2015, une première réunion sur cette question a lieu au Luxembourg entre des fonctionnaires russes et David Arendt, P.-D.G. de Le Freeport au Luxembourg, une société de Bouvier. Le 6 novembre, le conseiller du ministre russe pour le Développement de l'Extrême-Orient russe envoie à Arendt une invitation officielle à se rendre à Moscou pour poursuivre la conversation : « Appréciant votre expérience et vos qualifications dans la gestion du port franc du Luxembourg, nous vous invitons à discuter de la possibilité de développer un projet similaire dans l'Extrême-Orient russe avec Iouri Troutnev, vice-premier ministre de la Fédération de Russie, représentant plénipotentiaire du président de la Fédération de Russie dans le district fédéral de l'Extrême-Orient, et Alexandre Galouchka, ministre de la Fédération de Russie pour le Développement de l'Extrême-Orient du 9 au 13 novembre 2015 à Moscou. Compte tenu de votre emploi du temps chargé, si vous ne pouvez pas nous rendre visite à Moscou à ces dates, nous serions reconnaissants de nous transmettre les dates qui vous conviennent ».

Le 25 novembre, un rapport russe est publié sur les résultats d'une autre rencontre entre Galouchka et Arendt au Luxembourg. « De tels ports francs sont très populaires et ont été établis au Luxembourg, en Suisse et à Singapour, l'expérience luxembourgeoise étant considérée comme la plus réussie, commente Galouchka. Le port franc du Luxembourg est un projet de classe mondiale d'une valeur de 55 millions d'euros. »

Le 31 décembre 2015, Eugenie Perchina, une employée de l'agence d'État russe pour les investissements étrangers, envoie à Arendt un courriel sur le port franc de Vladivostok dans lequel elle l'informe que Troutnev et Galouchka ont l'intention d'effectuer un voyage d'affaires au Luxembourg le 22 ou le 23 janvier 2016. « Entre autres questions, ils aimeraient discuter avec vous d'un endroit où stocker des marchandises de valeur. Mais pour choisir un terrain approprié, nous devons connaître vos désidératas. Par exemple, la superficie du terrain à louer (sa longueur et sa largeur), la quantité d'électricité, la profondeur, si vous avez besoin d'un terminal maritime, etc. »

La lettre est accompagnée de cartes de Vladivostok détaillant les sites de stockage potentiels, dont le cap Pospelova, considéré comme le plus approprié à cette fin. « Dès que nous aurons reçu vos désidératas, et si la zone indiquée dans les fichiers joints convient à votre projet, nous serons en mesure de vous trouver un terrain approprié », écrit Perchina.

Cependant, la réunion de janvier est annulée à la dernière minute, officiellement en raison des chutes de neige. Au lieu de Troutnev et Galouchka, seul Dimitri Rogozine, vice-premier ministre du gouvernement russe, qui a déjà visité le port franc de Monaco avec une délégation russe, s'envole pour le Luxembourg le 22 janvier.

Le 29 avril 2016, Troutnev devait s'envoler pour Singapour, déjà sans Galouchka, pour visiter le port franc de Bouvier et « présenter son projet de port franc de Vladivostok ». Le 25 avril 2016, Perchina envoie un courriel à Arendt avec pour objet « Le projet Vladivostok » l'informant qu'Albert Rakipov, directeur adjoint du département de l'activité économique étrangère, de l'investissement, de l'attraction et du soutien des exportations, se rendait à Singapour le 26 avril pour une visite de trois jours et souhaitait visiter les mêmes sites et rencontrer les mêmes entreprises que Troutnev au cours de sa visite.

Le 10 mai 2016, Rakipov envoie par courriel six documents à Bouvier et à ses assistants :

Chers collègues,
Conformément à l'accord conclu, je vous envoie un ensemble de documents concernant la réunion avec le PDM I. Troutnev.
1. Présentation générale [Powerpoint] sur le gouvernement de la Fédération de Russie et les mesures de développement de l'Extrême-Orient.
2. Description générale [mémorandum] sur le gouvernement de la Fédération de Russie et les mesures de développement de l'Extrême-Orient.
3. Infographie sur les zones économiques spéciales prometteuses.
4. Infographie sur le port franc.
5. Préférences et avantages actuels pour les résidents du port franc de Vladivostok.
6. Questions fréquemment posées sur le port franc.

Le 17 mai, Rakipov fournit à la direction du port de Singapour une liste des participants à la visite à Singapour : Iouri Troutnev, vice-premier ministre du gouvernement russe et représentant plénipotentiaire du président de la Fédération de Russie pour le district fédéral d'Extrême-Orient ; Alexandre Osipov, premier vice-ministre de la Fédération de Russie pour le développement de l'Extrême-Orient[2] ; Alexeï Tchekounkov, directeur général du Fonds de développement de l'Extrême-Orient ; Viatcheslav Chport, gouverneur du kraï de Khabarovsk ; Piotr Chelokhaev, directeur général de l'agence d'attraction des investissements en Extrême-Orient ; Alexeï Tkachev, assistant du vice-président du gouvernement russe et représentant plénipotentiaire du président de la Fédération de Russie dans le district fédéral d'Extrême-Orient ; Timur Tchernychev, assistant du vice-président du gouvernement russe, représentant plénipotentiaire du président de la Fédération de Russie dans le district fédéral d'Extrême-Orient ; Albert Rakipov, directeur adjoint du ministère russe pour le Développement de l'Extrême-Orient ; Andreï Zharkov, Président de PJSC Alrosa ; Daria Mandrova, interprète. Rakipov indique également que la délégation comprendra deux ou trois autres personnes et un nombre indéterminé de représentants de la presse et des médias. Il ajoute qu'il appellera plus tard pour discuter de la possibilité d'une séance photo pour Troutnev dans le port. L'ambassadeur russe à Singapour, Andreï Tatarinov, n'est pas inclus, sa présence étant considérée comme acquise. Les « deux ou trois personnes » anonymes sont des agents du FSB impliqués dans l'affaire.

Le 20 mai 2016, Troutnev publie une déclaration de la partie russe sur l'implication de Bouvier et de sa société PSA dans la construction du port franc de Vladivostok « à tous les stades » de son développement, « parce que nous devons construire des "ports", nous devons gérer des "ports" » et que « Singapour a beaucoup d'expérience dans ce domaine ». Le lendemain, Bouvier et son partenaire commercial Bruce Lamarche organisent une visite du port franc de Singapour pour la délégation russe.

« Pour eux, le fait que Vladivostok soit proche de l'Asie constituait un grand avantage. Ils pensaient pouvoir ainsi accroître leurs échanges avec les pays asiatiques. Le port franc était pour eux comme un deuxième système bancaire parallèle. C'était un grand projet, mais j'aurais pu facilement le réaliser », se souvient Bouvier.

La réunion commence à 13 heures et dure trois heures. À un moment donné, Troutnev demande à tout le monde de partir, y compris l'ambassadeur de Russie. Seuls restent dans la salle l'interprète, Troutnev, ses deux conseillers personnels (Alexandre Osipov et Alexeï Tchekounkov[3]), Bouvier, Lamarche et l'avocat de Bouvier. Alors que Bouvier prépare des cocktails, Troutnev aborde le projet de création d'un port franc à Vladivostok :

« Lorsque j'ai soulevé la question d'un port franc, tout le monde m'a dit que je devais vous rencontrer et discuter de cette question avec vous. J'ai beaucoup entendu parler de vous à ce propos », déclare Troutnev au début de son échange avec Bouvier. Il lui demande de construire un nouveau port franc à Vladivostok et l'invite à venir à Moscou pour continuer à discuter du projet. Bouvier répond qu'il est prêt à envisager la possibilité d'une telle coopération, mais précise, sans mentionner le nom de Rybolovlev : « Comme vous le savez, j'ai un problème avec l'un de vos concitoyens. Tant que ce problème ne sera pas résolu, je ne me rendrai pas en Russie. » « Ne vous inquiétez pas, répond Troutnev. Ce problème, je m'en occuperai. » Troutnev n'a pris aucune mesure pour résoudre le conflit entre Rybolovlev et Bouvier, il n'y a du moins pas eu de suite à cette conversation.

Au cours de cette réunion, Troutnev a déclaré à Bouvier qu'il s'était engagé auprès de Poutine à créer un port franc à Vladivostok dans un délai de 4 à 6 ans : « J'ai reçu des instructions du Président, et je veux les suivre. Il y a des échéances précises, des dates, un plan pour le développement de Vladivostok et du “port”. Je suis une personne responsable. Le Président m’a nommé en tant que responsable. Et je dois m’assurer que ce plan est mis en œuvre pour que je puisse prendre ma retraite en paix », avait-il déclaré. « Ce n’était pas une question d’argent, commente Bouvier à propos des remarques de Troutnev, c’était quelque chose de plus, à savoir qu’il devait faire ce que le Président lui avait demandé de faire afin qu’on le laisse tranquille. »

Troutnev se dit prêt à fournir à Bouvier les fonds nécessaires à la construction du « port ». Bouvier, pour sa part, envoie Lamarche et un groupe d’ingénieurs à Vladivostok pour évaluer la situation sur place et, le 22 juin 2016, il fait parvenir une note à Troutnev sur leur éventuelle coopération dans la création d’un port franc à Vladivostok. Cependant, en raison du conflit avec Rybolovlev, et dans la mesure où ce conflit n’a pas été résolu malgré les promesses de Troutnev, Bouvier décide de ne pas participer au projet de Vladivostok.

Sa dernière visite en Russie remonte à 2013, avant l’annexion de la Crimée. Après le début de la bataille juridique avec Rybolovlev, il est devenu dangereux pour Bouvier de se rendre à Moscou. Et il est impossible de travailler sur le port franc de Vladivostok sans se rendre en Russie.

La principale question abordée à propos du port franc de Vladivostok est celle de son utilisation pour stocker, vendre et expédier des diamants polis russes à leur acheteur final, principalement via l’itinéraire Vladivostok-Singapour. L’idée de Poutine est de créer un système dans lequel lui, Poutine, par l’intermédiaire de Troutnev, contrôlerait l’ensemble du processus de production et de vente des diamants, de l'extraction à la vente au consommateur. En éliminant tous les maillons intermédiaires, l'argent gagné avec le commerce du diamant pourrait doubler.

« Quel argent ? » ai-je demandé à Bouvier. « C'est facile à savoir, a-t-il répondu, il suffit de regarder le chiffre d'affaires et les revenus d'Alrosa. » Ils sont énormes. Selon le ministère russe des Finances, en 2008, 162,9 millions de carats de diamants d'une valeur estimée à 12,7 milliards de dollars ont été extraits. En 2009, c'est moins, 120,2 millions de carats pour une valeur estimée à 8,3 milliards de dollars[4]. Mais l'ordre de grandeur est impressionnant, surtout si, comme l'a suggéré Poutine, la rentabilité de ce business peut être doublée. Et qu'en serait-il si l'on ajoute à cela les « diamants de sang » africains blanchis via la Russie et le port franc de Vladivostok en direction de Singapour ? Et l'or ? Et les armes à destination des nombreuses organisations engagées dans des guerres locales ?

Mais nous savons qu'il s'agissait principalement de diamants : Permgeologodobycha, la société diamantaire de Rybolovlev, a reçu sa première licence d'exploitation de diamants en 2009, huit années après que Rybolovlev eut commencé à s'impliquer dans le commerce des diamants. La licence a été accordée pour l'exploitation du gisement Rybiakovski, dont les réserves sont estimées à 127,8 milliers de carats. Rybolovlev a ensuite obtenu une deuxième et dernière licence dans la région de Perm et a monopolisé l'exploitation des diamants dans cette région, devenant le propriétaire de la seule entreprise à avoir reçu des licences d'État.

L'entreprise d'État d'extraction de diamants Alrosa est supervisée par Troutnev. Depuis plusieurs années, il tente de remplacer son directeur, Fiodor Andreïev, par un homme à lui. La bataille est rude : Alrosa extrait 95 % de tous les diamants de Russie. La part de la société dans la production mondiale de diamants est de 25 % et les réserves de diamants d'Alrosa représentent environ un tiers du total mondial.

En 2014, Andreïev est convoqué à Moscou pour une « épreuve de force ». « J'ai peut-être oublié de me présenter ? Je m'appelle Iouri Troutnev et je suis vice-premier ministre. Je voudrais vous rappeler qu'il ne s'agit pas de votre entreprise personnelle, mais d'une entreprise d'État ». C'est ainsi que Troutnev commence la réunion de ce jour dans son bureau. Andreïev quitte des yeux son téléphone portable et répond froidement à l'assistant de Poutine : « Nous verrons[5] ».

Il n'a pas fallu longtemps pour « voir ». En septembre 2014, Andreïev est démis de ses fonctions. En 2015, il meurt d'un cancer. Ne cherchons pas à savoir si on l'a aidé à mourir. Le 23 avril 2015, Andreï Zharkov est nommé président de l'entreprise ; il sera présent lors d'une réunion avec Bouvier à Singapour. Le 16 novembre 2015, Oleg Petrov, officier de la GRU, diplômé de l'Académie de la GRU en 1963, qui a déjà servi au Mozambique et qui travaille à Uralkali depuis 2001 – d'abord en tant que directeur général, puis (de novembre 2011 à novembre 2015) en tant que directeur des ventes et du marketing d'Uralkali – devient directeur de l'Organisation commerciale unifiée (OCU) une branche d'Alrosa. Petrov entretenait une étroite relation de confiance avec Rybolovlev et avait assisté à plusieurs reprises à ses fêtes d'anniversaire.

L'OCU d'Alrosa trie, évalue, prétraite et vend les diamants extraits par l'entreprise d'État Alrosa. En d'autres termes, les ventes de diamants russes sont entre les mains de Troutnev et Rybolovlev depuis la fin de l'année 2015.

Il faut ajouter un élément à ce tableau haut en couleur : le 13 mars 2017, Sergueï Ivanov, fils de l'ancien général du KGB/FSB Sergueï Ivanov, ancien chef d'état-major du président Poutine, est nommé président d'Alrosa.

Le port franc de Vladivostok a été créé en partie pour évincer tous les intermédiaires du marché des diamants polis, en raison du monopole de fait d'Alrosa sur ce marché, ce qui mettait à l'écart de nombreux gouverneurs russes, dont les territoires comprenaient des mines de diamants qui leur garantissaient argent et influence. Désormais, tous ces flux financiers sont dirigés vers Alrosa et Vladivostok, en contournant les autres régions.

D'un point de vue formel, le port franc de Vladivostok a bien été créé. Mais il ne s'agissait pas du projet d'origine, ce n'était pas ce que Troutnev avait promis à Poutine. À Vladivostok, la Russie pouvait transformer les diamants en diamants polis et organiser leur exportation. Mais stocker ces diamants dans un port franc et effectuer des transactions par le biais de celui-ci plutôt que via le système bancaire SWIFT – en utilisant les capacités du port franc : structure, expertise, sécurité et confiance nécessaires aux transactions de « troc », par exemple lorsque des diamants provenant des entrepôts du port franc sont échangés contre de l'or se trouvant sur place, ou contre des chefs-d'œuvre, ou contre de l'argent liquide –, cela ne fonctionnait pas, car cela nécessitait Bouvier avec son autorité incontestable et la confiance de ses clients.

9.

# La chasse au débiteur Donald Trump

Pendant la campagne présidentielle de Trump en 2016, les journalistes étaient à l'affût des déplacements de Rybolovlev vers des lieux où le candidat républicain, ou des membres de sa famille seraient susceptibles de se trouver. Selon le *Huffington Post*, en un an, le jet privé de Rybolovlev, un Airbus-319 immatriculé dans le Maine avec le numéro de vol *M-KATE*, acheté en 2012 pour un coût de 90 millions de dollars « a effectué au moins sept vols à destination de New York (aéroport EWR) et est resté à New York pendant plusieurs jours à chaque fois. C'est généralement pendant cette période que Trump se trouvait également dans la ville [...]. *M-KATE* s'est rendu deux fois à Miami pour un ou deux jours lorsque Trump était à Mar-a-Lago. La première fois, c'était le jour de Thanksgiving. [...] *M-KATE* s'est également rendu sept fois à Moscou (aéroport VKO) l'année dernière. [...] Ce n'est peut-être qu'une coïncidence, mais les enregistrements de l'année montrent de nombreux vols vers des aéroports spécifiques, ce qui soutient la théorie de la diplomatie de la navette[1]. »

Rybolovlev a déclaré à plusieurs reprises qu'il n'avait jamais rencontré Trump et qu'il n'avait jamais fait d'affaires avec les membres de son équipe. Cependant, son avion et son yacht ont été vus à plusieurs reprises non loin de Trump, de membres de sa famille, de Robert Mercer, l'un des principaux financiers de Trump, et de Michael Cohen, l'avocat personnel de ce dernier.

« D'après ses plans de vol, écrit Bill Palmer, Rybolovlev a décollé de Hampton, Long Island [N.Y.], au début du mois d'août 2016. » L'avocat de Trump, Michael Cohen, se trouvait alors dans les Hamptons. Depuis les Hamptons, « Rybolovlev s'est rendu à Dubrovnik, en Croatie, où, par coïncidence, Ivanka Trump et Jared Kushner étaient en vacances[2]. » Le yacht de Rybolovlev, *Anna*, y était également stationné. Rybolovlev a affirmé qu'il n'avait jamais rencontré Kushner[3].

Le 30 octobre 2016, Rybolovlev a poursuivi Trump jusqu'à Las Vegas, mais il est arrivé trop tard : son avion a atterri Las Vegas 37 minutes après le décollage de l'avion de Trump[4]. Le 3 novembre de la même année, l'avion de Rybolovlev se trouvait à proximité de celui de Trump à Charlotte, en Caroline du Nord, alors que ce dernier y faisait des discours de campagne. En mars 2017, Rybolovlev a déclaré, par l'intermédiaire de son porte-parole, que lui et son avion se trouvaient en même temps que Trump dans le même aéroport à Charlotte, en Caroline du Nord, mais qu'il s'agissait d'une pure coïncidence : « Une attention particulière a été accordée au voyage de M. Rybolovlev en Caroline du Nord, a déclaré à cet égard Tchernitsine, porte-parole de Rybolovlev. Il était en effet en Caroline du Nord pour une réunion d'affaires, mais nous affirmons catégoriquement qu'il n'a eu aucun contact avec M. Trump ou l'un de ses conseillers au cours de ce voyage. »

Le week-end du 11 février 2017, l'avion de Rybolovlev a été vu à Miami lorsque Trump a accueilli le Premier ministre japonais à Mar-a-Lago. Du 10 au 13 mars 2017, le yacht *Anna* de Rybolovlev a été vu à proximité du *Sea Owl*, le yacht de Robert Mercer, qui était ancré au large de Virgin Gorda, dans les îles Vierges britanniques. Les photographies montrent que « peu de voiliers séparaient leurs yachts. Ils étaient à quelques centaines de pieds le vendredi 10 mars et à environ mille pieds le lundi 13 mars, selon www.marinetraffic.com », écrit le *Palm Beach Post*, basé en Floride. « M. Rybolovlev n'a jamais rencontré Robert Mercer et n'a aucune relation avec lui », a déclaré à cet égard le 14 mars 2017 le porte-parole de Rybolovlev, Brian Kettel, qui a précédemment écrit pour le site web conservateur de Stephen Bannon, *Breitbart News*[5].

Que s'est-il passé en août 2016 et pourquoi Rybolovlev a-t-il commencé à littéralement traquer Trump et ses associés à partir de ce moment-là ? Il s'est passé ce qui suit : le 19 juillet 2016, Trump est désigné par le Parti républicain. À partir du 19 juillet, il n'est plus seulement l'homme d'affaires sauvé de la faillite par Rybolovlev en 2008. À partir du 19 juillet, il est déjà (potentiellement) le futur président des États-Unis, et donc Rybolovlev et Trump ont un jeu très différent à jouer. Trump a une dette envers Rybolovlev ; les 95 millions de dollars qui l'ont sauvé valent bien plus. Trump le sait. Rybolovlev le sait. Le général Ezoubtchenko du FSB le sait. Troutnev le sait. Poutine, bien sûr, le sait, et Trump lui est également redevable, car pas une seule intervention financière majeure de la Russie en faveur de Trump depuis 2007-2008 n'a été faite sans le consentement et la bénédiction de Poutine.

L'avion de Rybolovlev a donc été repéré en Caroline du Nord, les 21 avril et 3 novembre 2016 ; à ces dates, des réunions d'affaires ont eu lieu entre des cadres de la société suisse Alevo Group SA et la direction des filiales américaines de la société : Alevo USA Inc. et Alevo Manufacturing Inc.

Le groupe Alevo SA fondé à Verbier (Suisse) en 2009 développe des systèmes de stockage d'énergie. Il a annoncé la construction d'une usine de batteries de haute technologie en Suisse et prévoit d'investir 400 à 500 millions de francs suisses. Rybolovlev est le principal actionnaire du groupe ; il a acheté une participation de 35 millions de dollars en 2016.

Les activités américaines d'Alevo sont principalement pilotées par une société appelée Alevo USA Inc. qui a acheté l'ancienne usine de fabrication de cigarettes Philip Morris à Concord, en Caroline du Nord, pour 68,5 millions de dollars en 2014, avant que Rybolovlev ne devienne actionnaire, afin d'y installer un nouveau site de fabrication de batteries. Le 3 novembre 2016, Rybolovlev prend la décision stratégique de délocaliser la production en Caroline du Nord, et trois cadres de confiance de Rybolovlev sont maintenant relocalisés à Concord : Kouzma Martchouk, ancien directeur financier d'Uralkali, qui a fait entrer Uralkali en bourse en 2007 et a reçu une prime de 12 millions de dollars pour cela, Elena Samsonova, anciennement responsable des ressources humaines d'Uralkali, et Mikhaïl Sazonov, devenu directeur général de l'entreprise en mars 2016.

L'arrivée d'Alevo est annoncée dans les médias locaux avec beaucoup d'enthousiasme. En 2016, Rybolovlev investit 126 millions de dollars dans la société mère suisse d'Alevo. En octobre 2017, plus de 200 millions de dollars ont déjà été investis. L'investissement est réalisé par l'intermédiaire de deux fiducies enregistrées à Chypre : Abalith Holdings Ltd. et Gingerpath Ltd. Les deux fiducies sont enregistrées à Chypre à l'adresse d'Andreas Neocleous. Abalith est l'unique actionnaire de Gingerpath. L'unique actionnaire d'Abalith est Bolton Trustees, une société holding dont le bénéficiaire effectif final est Rybolovlev.

Il est prévu que l'entreprise emploie jusqu'à 2 500 personnes en 2017 et produise jusqu'à 16 000 batteries en 2019. Ces prévisions se révéleront utopiques.

Le plan d'affaires de Rybolovlev consiste à obtenir des contrats gouvernementaux pour Alevo avec l'aide du candidat à la présidence, puis du président Trump, qui a des dettes envers lui, et de son partenaire bancaire chypriote, Wilbur Ross. Le 30 novembre 2016, Trump nomme Ross, dans le cadre d'une future administration, au poste de secrétaire au Commerce[6]. Ross sera confirmé en février 2017.

« Disons que vous êtes en Russie et que vous produisez de nouveaux générateurs, mais que vous êtes ami avec les autorités. Vous êtes alors sûr que vos générateurs seront achetés partout, a déclaré Bouvier à propos de Rybolovlev et de sa poursuite de Trump. Il pense la même chose à propos de l'Amérique : si je suis ami avec le Président, avec le "patron", alors le "patron" m'aidera. Et s'il me doit aussi une faveur, il m'aidera d'autant plus. »

« S'il a vraiment conclu un accord avec les personnes qui entourent Trump, cette entreprise de batteries est une affaire fantastique, a commenté un économiste qui a souhaité garder l'anonymat. Si vous avez le soutien du gouvernement et des commandes, chaque petit endroit en Amérique – un hôpital ou une petite entreprise – est à vous. Vous apportez les affaires, nous apportons les commandes. »

En outre, Rybolovlev espère bénéficier d'incitations fiscales de la part de l'État. La commission du comté de Cabarrus, où se trouve l'usine, et le conseil municipal de Concord ont approuvé des incitations fiscales pour Alevo pour près de 10,5 millions de dollars, tandis que le Comité d'investissement économique de l'État a voté une subvention de 2,6 millions de dollars à Alevo. En février 2017, Alevo s'engage à dépenser 251,5 millions de dollars pour lancer une nouvelle ligne d'assemblage de batteries dans l'usine de Concord et créer plus de 200 emplois au cours des cinq années suivantes, afin d'atteindre 500 employés en 2022[7]. L'entreprise n'a finalement employé que 140 personnes au lieu des 500 promises, et aucun investissement supplémentaire n'a été réalisé. En outre, des entrepreneurs ont intenté une action en justice contre l'entreprise pour un montant de 4,3 millions de dollars, l'accusant de ne pas avoir réglé ses factures. L'entreprise a déclaré qu'elle les réglerait après avoir reçu un nouveau financement. En mars 2017, Alevo comptait 215 employés et affirmait continuer à embaucher des salariés[8] (dans l'espoir de futurs contrats gouvernementaux).

Afin de ne pas faire apparaître le lien entre les contrats attendus du gouvernement américain et Rybolovlev, d'une part, et Wilbur Ross, associé de Rybolovlev dans une banque chypriote avant qu'il ne devienne secrétaire au commerce, d'autre part, on a caché, aussi longtemps que possible, le fait que Rybolovlev possédait Alevo, y compris aux dirigeants de Caroline du Nord qui supervisaient le dossier. Robert Carney, directeur exécutif du Cabarrus Economic Development, a affirmé que le groupe n'était pas au courant de la relation entre Alevo et Rybolovlev. Beth Ann Gargan, du ministère du Commerce de Caroline du Nord, a également affirmé que l'État n'avait pas coopéré avec Rybolovlev et ne s'était pas concerté avec lui.

Le 21 mars 2017, un mois après avoir bénéficié d'un allègement fiscal de la part de la Caroline du Nord, le groupe Alevo annonce la nomination de Vladislav Baumgertner ancien P.-D.G. d'Uralkali, au poste de P.-D.G. de l'entreprise[9]. En mai 2017, un autre ancien employé d'Uralkali, Oleg Petrov, est nommé directeur commercial d'Alevo Group[10].

Cependant, l'arrivée de Baumgertner et de Petrov et les incitations fiscales potentielles ne parviennent pas à sauver l'entreprise de Rybolovlev. En mars 2017, des informations filtrent dans la presse selon lesquelles l'entreprise appartient à Rybolovlev, qui a auparavant acheté la villa hors de prix de Trump, et les rêves de gros contrats gouvernementaux sont abandonnés (sous l'attention vigilante de la presse et des comités du Congrès, ni Ross ni Trump ne pouvaient donner de contrats gouvernementaux à l'entreprise de l'oligarque russe Rybolovlev). En août 2017, trois mois seulement après que Baumgertner a pris ses fonctions de P.-D.G., Alevo se déclare en faillite, entraînant la perte de 290 emplois. Au moment où Alevo dépose son bilan en 2017, une seule batterie GridBank a été construite[11].

N'ayant pas pu rentabiliser ses investissements dans Trump et Alevo par le biais de commandes publiques de batteries, Rybolovlev doit chercher d'autres voies. Il les trouve très vite. Il remarque que la visite de Trump en Arabie saoudite le 20 mai 2017 était sa première visite à l'étranger[12]. Or, fin octobre, Jared Kushner se rendait, de manière inattendue, en Arabie saoudite pour de nouveaux entretiens avec le prince héritier.

On ne sait pas de quoi Kushner et ben Salmane ont parlé. Cependant, le 4 novembre, une semaine après le retour de Kushner à Washington, le prince héritier lançait sa campagne anticorruption, qui comprenait l'arrestation de 200 membres de la famille royale et leur détention au Ritz-Carlton Riyad. Le coup d'État avait été coordonné avec le gouvernement des Émirats arabes unis et avec Trump. Le 6 novembre, Trump s'empressait de soutenir ben Salmane sur Twitter. Le 15 novembre, l'heure des comptes était venue. C'est ainsi que le prince héritier saoudien, par l'intermédiaire de son représentant, va enchérir lors d'une vente aux enchères de Christie's pour un tableau représentant un portrait de Jésus-Christ, *Le Sauveur du monde*, attribué à De Vinci.

L'offre de départ, de 100 millions de dollars, est rapidement augmentée. Le prince héritier s'est en effet trouvé tout à coup face à un concurrent dont l'identité n'a pas été divulguée. L'enchère se clôt à hauteur de 450,3 millions de dollars, l'enchérisseur, qui a perdu face au prince héritier, venait d'Abou Dhabi. L'Arabie saoudite et les Émirats arabes unis ont donc enchéri l'un contre l'autre pour le De Vinci, gonflant artificiellement le prix afin de satisfaire au remboursement de la dette de Trump envers Rybolovlev. C'est du moins l'impression que donne, de l'extérieur, le marchandage de ces amateurs d'art. Il s'agissait pour le prince héritier de remercier Trump pour le soutien apporté par Washington au coup d'État saoudien. Et Trump remerciait Rybolovlev de l'avoir sauvé en 2008.

Mais dans toute opération spéciale, il y a des impondérables : ici l'intervention imprévue d'un « acheteur-garant » dans le processus a fait perdre 150 millions de dollars à Rybolovlev.

Après avoir dominé un concurrent des Émirats arabes unis, le prince héritier transfert le tableau à un musée des Émirats arabes unis ! C'est la meilleure preuve que la bataille pour le tableau de Christie était un spectacle bien planifié. Les Émirats arabes unis ont reçu le tableau du prince héritier d'Arabie saoudite pour les remercier de leur soutien au coup d'État et pour les remercier d'avoir reconnu le prince héritier comme le nouveau dirigeant du pays. Et Rybolovlev, qui a gagné 125,5 millions de dollars sur la vente du tableau, une somme dans tous les cas supérieure aux 95 millions de dollars payés en 2008 pour la villa de Trump, a finalement cessé de poursuivre Trump et sa famille. Après le 15 novembre 2017, l'avion de Rybolovlev ne s'est plus jamais approché de Trump. Comme l'a dit quelqu'un qui connaît ben Salmane, lorsqu'il achète quelque chose à quelqu'un, il sait qu'il lui fait une faveur.

Cependant, Bouvier pense que ben Salmane a acheté *Le Sauveur du monde* dans le seul but de « semer la pagaille en Europe », afin que le visage du Christ devienne la propriété d'un cheikh arabe et soit situé dans un pays musulman.

En mars 2018, le prince héritier ben Salmane effectue une visite à Washington. Les deux parties discutent d'achats d'armes aux États-Unis et de centaines de milliards de dollars d'investissements dans l'économie américaine[13]. Au regard de ces sommes, les 450,3 millions de dollars pour *Le Sauveur du monde* ne sont que bagatelle.

La vente du *Sauveur du monde* au prince héritier n'est pas une opération accidentelle et n'est pas la seule. Après la vente aux enchères de Christie's, Rybolovlev vend des tableaux à des cheikhs arabes pour une valeur de 300 millions de dollars. Qui a acheté les tableaux de Rybolovlev et quels sont les chefs-d'œuvre qu'il a vendus ? Il est difficile de le savoir. On suppose que ben Salmane a acheté ces tableaux, peut-être pour dédommager Rybolovlev de la perte de 150 millions de dollars due à un acheteur garant.

Le même groupe de personnes (ou la personne), qui a manifesté un intérêt sans précédent pour Rybolovlev, lui propose de lui acheter le club de football de Monaco pour 500 millions de dollars, Rybolovlev ayant des problèmes à Monaco en raison d'un scandale de corruption[14].

C'est que Rybolovlev est tombé en disgrâce auprès du prince Albert qui lui a refusé la citoyenneté, et lui a laissé entendre qu'il devrait quitter la principauté. Rybolovlev obtient alors la nationalité uruguayenne (qui ne reconnaît pas les lois internationales sur l'extradition) et, en 2019, tente de faire de son gendre, Juan Sartori, le président de ce pays. Sartori n'est pas élu président, mais devient le plus jeune sénateur du parlement uruguayen.

# ÉPILOGUE

Dans le camp Rybolovlev, ces dernières années ont été scandées par les enquêtes et les procès. En février 2017, un tribunal de Nicosie a enquêté sur Erotokritou, Panayiotis Neocleous et Neocleous & Co LLC, soupçonnés d'abus de pouvoir et de corruption. Erotokritou a été reconnue coupable de corruption, de pots-de-vin, d'abus de pouvoir et de complot. Neocleous et son cabinet d'avocats ont été reconnus coupables de conspiration, de corruption et de pots-de-vin.

Le 14 septembre 2017, *Le Monde* a fait état d'un DVD contenant des données extraites du téléphone de Bersheda. Quelques heures après la publication, Narmino, ministre de la Justice de Monaco depuis janvier 2006, a démissionné.

Le 22 septembre 2017, le juge Édouard Levraud, au nom du bureau du procureur général de Monaco, a annoncé l'ouverture d'une enquête judiciaire contre Rybolovlev, Bersheda et plusieurs hauts fonctionnaires pour trafic d'influence actif et passif et corruption en lien avec l'arrestation de Bouvier. Narmino a été arrêté le même jour. L'épouse de Narmino, Christine, et son fils Antoine ont été accusés de conspiration. Paul Masseron, ministre de l'Intérieur d'avril 2006 à avril 2015 a été accusé de trafic d'influence passif et de violation du secret professionnel. Jean-Pierre Dreno, procureur général de mai 2011 à septembre 2015 a été accusé d'association de malfaiteurs avec Rybolovlev et de complicité d'atteinte au droit à la vie privée et familiale. Il sera condamné le 8 juin 2018[1].

Régis Asso, directeur de la sécurité publique (chef de la police) d'avril 2013 à février 2016 a été accusé de violation du secret professionnel. Christophe Haget, chef de la police judiciaire jusqu'en 2017, a été accusé de trafic d'influence passif et de corruption, ainsi que de violation du secret professionnel. Frédéric Fusari, chef de la police judiciaire jusqu'en 2017 et adjoint de Haget, a été accusé de trafic d'influence passif, de corruption et de violation du secret professionnel. Le directeur de la Direction générale de la sécurité intérieure (DGSI), Bernard Squarcini, a été également mis en examen.

Bersheda a fait appel auprès de la Cour suprême suisse pour que l'on reconnaisse que les données de son téléphone personnel avaient été obtenues et utilisées de manière illégale. En septembre 2018, la Cour a rejeté sa requête. Mais en septembre de la même année, le procès genevois contre Rybolovlev et Bersheda a été clos parce qu'en vertu du droit suisse, l'infraction doit avoir été effectivement commise. Un complot visant à corrompre un juge, si aucun pot-de-vin n'a été versé, n'est pas une infraction au regard du droit suisse : « Si la tentative d'extorsion ou de corruption est une infraction punissable par la loi, la simple préparation en vue de commettre une extorsion ou une corruption explicite n'est pas punissable », indique le rapport du procureur, qui souligne toutefois que la tentative de corruption est « éthiquement inacceptable et choquante » et que les actes de Mme Bersheda étaient contraires aux règles de la profession d'avocat. L'affaire a été renvoyée à l'Ordre des avocats de Genève, qui a décidé de ne pas sanctionner Bersheda.

Une enquête a été également ouverte à Monaco. Le 6 novembre 2018, Rybolovlev a été placé en garde à vue et son domicile a été perquisitionné. Le lendemain, le procureur de Monaco a ouvert une enquête judiciaire contre Rybolovlev et Bersheda pour corruption, trafic d'influence, violation des procédures judiciaires et violation de la vie privée. Rybolovlev lui-même a été accusé de corruption et de conspiration avec les autorités monégasques pour arrêter Bouvier à Monaco en février 2015. Des accusations similaires ont été portées contre Rybolovlev à Chypre.

En juin 2019, Bouvier a déposé une plainte pénale contre Rybolovlev à Paris pour avoir utilisé et corrompu la police et le système judiciaire français, ainsi que pour avoir dirigé des enquêtes de police contre Bouvier en France et à Monaco en organisant l'échange illégal d'informations avec des fonctionnaires qui étaient tombés sous son influence.

En avril 2021, les autorités fédérales suisses à Berne ont engagé des poursuites pénales contre Rybolovlev et Bersheda en vertu de l'article 271 du Code pénal suisse pour avoir illégalement attiré Bouvier à Monaco, où ils ont organisé son arrestation, la Suisse disposant d'une loi interdisant la provocation de citoyens suisses à l'étranger.

La particularité de cette affaire est que la victime n'est pas Bouvier, mais la Confédération suisse, dont les lois ont été violées.

Une autre procédure contre Rybolovlev pour corruption et abus d'influence a été ouverte à Paris. Deux procédures judiciaires contre Rybolovlev ont été ouvertes à Monaco sur la base de la plainte de Rappo. Les systèmes judiciaires de Monaco et de la France étant interconnectés, la perte du procès à Monaco menaçait Rybolovlev d'une interdiction d'accès à la Côte d'Azur.

Pour sa part, Rybolovlev a intenté onze procès contre Bouvier au fil des ans : à Monaco, à Singapour, au Luxembourg, en Angleterre, en Amérique, au Liechtenstein, en France et en Suisse. Neuf de ces onze procès ont été gagnés par Bouvier. Deux affaires restent ouvertes. L'une à Paris, qui progresse très lentement en raison des particularités du système judiciaire français. L'autre, en Suisse, où le procureur a finalement décidé de ne pas donner suite. Rybolovlev a fait alors appel de cette décision. Le 26 juillet 2022, la Cour d'appel l'a annulée, renvoyant l'affaire au bureau du procureur pour qu'il la rouvre. À la suite de cela, le bureau du procureur a tenu plusieurs audiences, qui n'ont pas abouti à des résultats permettant d'engager des poursuites à l'encontre de Bouvier.

Fin mai 2018, le bureau du procureur de New York, après un procès d'un an, a rejeté toutes les accusations portées par Rybolovlev contre Bouvier et a décidé de classer l'affaire à New York[2], estimant qu'il n'y avait aucune raison de considérer la vente des tableaux comme frauduleuse. Le tribunal de Singapour avait auparavant refusé d'instruire l'affaire contre Bouvier.

Le 12 décembre 2019, la Cour d'appel de Monaco a accédé à la demande de Bouvier de rejeter toutes les accusations pénales portées contre lui à Monaco en raison du manque d'impartialité judiciaire révélé dans l'enquête contre Bersheda et Rybolovlev. Le juge d'appel de Monaco a déclaré que « toutes les enquêtes [contre Bouvier] ont été partiales et injustes, et le défendeur n'a pas eu l'occasion de corriger ces graves anomalies qui ont définitivement rompu l'équilibre des droits des parties ». En juillet 2020, le tribunal de grande instance de Monaco a confirmé cette décision et a annulé toutes les enquêtes menées contre Bouvier au motif qu'elles étaient « partiales ».

À la question de savoir pourquoi Rybolovlev n'a pas mis fin à toutes ces affaires en trouvant des accords, Bouvier a répondu : « Lorsqu'un milliardaire entre dans une galerie d'art, on ne veut pas qu'il en ressorte. Et lorsqu'un milliardaire entre dans le bureau d'un avocat, celui-ci ne veut pas non plus qu'il en sorte. Aucun des avocats de Rybolovlev ne souhaite arrêter de traire cette vache. À Genève, par exemple, il est le plus gros client du cabinet d'avocats. Et s'il cesse de travailler avec eux, ils devront licencier la moitié de leur personnel. En Amérique, à New York, il a aussi un cabinet d'avocats… Tout le monde sait qu'à New York, après l'industrie financière, c'est l'industrie des cabinets d'avocats qui est la plus rentable. »

Au fil des années, et avec le succès de la vente aux enchères du tableau *Le Sauveur du monde*, la principale accusation portée par Rybolovlev à l'encontre de Bouvier a perdu de sa force : Rybolovlev a gagné de l'argent grâce aux tableaux vendus par l'intermédiaire de Bouvier. Pour cette raison, Rybolovlev n'a pas pu démontrer le préjudice financier causé par Bouvier. Mais à cause du scandale avec Rybolovlev, Bouvier lui-même a perdu beaucoup d'argent.

« Lorsque l'affaire Rybolovlev a commencé, se souvient Bouvier, j'ai perdu 40 % du chiffre d'affaires de ma société de logistique et de transport. Quant à la vente d'œuvres d'art, avant le scandale, je réalisais un chiffre d'affaires d'environ 500 millions de dollars par an. Ensuite, ce chiffre est tombé à 5, 10 millions de dollars, et depuis 2016, il a été nul. » Et on comprend pourquoi : les clients de Rybolovlev craignaient que leurs trésors stockés dans les ports francs de Bouvier ne soient saisis pendant l'instruction de l'affaire. Rybolovlev a ruiné les ports francs de Bouvier sans en tirer le moindre profit. Bouvier a vendu le port franc de Singapour à perte à un acheteur chinois.

En raison des enquêtes judiciaires à Monaco, en France et en Suisse, Rybolovlev, n'a jamais obtenu la nationalité monégasque. Il a alors commencé à renforcer sa position aux États-Unis. Il a investi 500 millions de dollars dans Apple Tree Partners (ATP), une société de capital-risque spécialisée dans les sciences de la vie[3]. ATP a des bureaux à New York, Londres, San Francisco et Cambridge (Massachusetts). Anna Batarina, ancienne première vice-présidente d'Uralkali et responsable des marchés des capitaux et des relations avec les investisseurs, a intégré le conseil d'administration de cette société.

Rybolovlev a investi dans New Republic Pictures, une société cinématographique fondée en 2017 à Hollywood avec le « soutien de riches fondations basées à Monaco et en Espagne » (comme l'a déclaré le fondateur de New Republic, Brian Oliver, sans mentionner la Russie ou Rybolovlev). En réalité, New Republic Pictures est la société de Rybolovlev. Le président du conseil d'administration et directeur des opérations de la société est le citoyen russe Valerii An, qui a de nombreux liens avec les structures et les entreprises de Rybolovlev. En 2015-2016, An était le directeur du marketing du club de football de Rybolovlev, l'AS Monaco. Il était également consultant pour Alevo, et son adresse électronique se terminait par @rigmora.com et appartenait au bureau familial de Rybolovlev, Rigmora Holdings.

En août 2020, New Republic a signé un accord de plus de 200 millions de dollars avec Paramount Pictures pour financer jusqu'à un quart du budget de dix films, dont *Top Gun : Maverick* et *Mission Impossible 7. Part I*, qui, pour la première fois dans ce genre de film, ne brossent pas un portrait négatif de la Russie. Voici ce qu'a déclaré Bouvier lors d'un entretien avec Stacey Pearman, journaliste d'investigation spécialisée dans l'industrie du divertissement : « Je sais que Rybolovlev est actif à Hollywood depuis au moins 2013. Cette année-là, il m'a demandé de lui procurer des billets pour le Festival de Cannes. Il était mécontent, dans la mesure où ces billets n'étaient pas au premier rang. Il m'a dit que s'il avait demandé à ses amis à Hollywood, il aurait été au premier rang du parterre. Je suis sûr qu'il a infiltré Hollywood pour promouvoir les projets du Kremlin.

Regardez le premier *Top Gun*. Dès le début du film, il est clair que l'ennemi est la Russie. Ils se battent contre des MIG, pilotés par des pilotes portant l'étoile rouge soviétique sur leur casque. Mais dans *Top Gun : Maverick*, la Russie n'est pas du tout mentionnée. Je ne peux pas croire qu'il s'agisse d'une coïncidence. Je pense que c'est étroitement lié au fait que le film a été financé par un oligarque russe. C'est exactement ce que fait la Russie, et cela s'inscrit dans sa campagne plus large de guerre hybride en Occident. »

Dès que la presse a appris que Rybolovlev et des fonds russes étaient impliqués dans la production des films, Valerii An a supprimé la mention de l'AS Monaco de sa biographie en ligne afin de dissimuler ses liens avec Rybolovlev.

On imagine que Rybolovlev a dû se mettre d'accord avec le Kremlin et la Loubianka pour obtenir l'autorisation d'investir l'argent de Troutnev et d'Ezoubtchenko dans des films hollywoodiens.

Le 20 novembre 2023, les avocats de Rybolovlev et de Bouvier ont informé le ministère public suisse qu'ils étaient parvenus à un accord et qu'ils retiraient leurs plaintes. Dans ce contexte, le 6 décembre, le ministère public a classé la dernière affaire formellement pendante contre Bouvier. Les frais de procédure, d'un montant de 100 000 francs suisses, ont été mis à la charge de Bouvier.

Le 8 décembre 2023, Bouvier et Rybolovlev ont annoncé publiquement qu'ils étaient parvenus à un accord à l'amiable et qu'ils renonçaient à leurs revendications mutuelles. « Aujourd'hui, le cauchemar de neuf ans est terminé, a déclaré Bouvier. Les tribunaux du monde entier ont unanimement conclu à mon innocence. » L'un des avocats de Bouvier, David Bitton, a ajouté : « Toutes les accusations portées contre M. Bouvier ont été rejetées par les procureurs du monde entier et aucun tribunal n'a accepté d'ouvrir un procès en bonne et due forme pour répondre aux allégations. C'est une victoire totale pour mon client. Je tiens à remercier tous les avocats du monde entier qui se sont battus avec acharnement pour la justice et ont défendu avec succès l'innocence de M. Bouvier. »

« Les parties ont conclu un accord confidentiel concernant tous leurs litiges dans diverses juridictions. Elles n'ont aucune réclamation l'une envers l'autre et s'abstiennent de tout commentaire sur leurs litiges passés », ont déclaré les avocats suisses de Rybolovlev, Sandrine Giroux et Benoît Mauron, dans un communiqué.

« Rybolovlev est une personne impitoyable, a déclaré Bouvier. Il est dépourvu d'émotions et c'est la personne la plus cynique que j'aie jamais rencontrée. Il n'a pas d'amis. Il se moque de l'amitié, des droits de l'homme, de l'État de droit et de la vérité. Tout ce qui l'intéresse, c'est d'obtenir ce qu'il veut. Il est presque la caricature de l'oligarque russe. Il pense toujours être la personne la plus intelligente de la pièce. Il essayera de dire à un médecin comment traiter une maladie ou à un artiste comment peindre un tableau. Il est également impitoyable en tant qu'homme d'affaires. Tout au long de sa carrière, il a mené ses affaires sur la base de la corruption, de l'intimidation et du non-respect des règles. Il a collaboré avec le crime organisé et des politiciens locaux pour bâtir sa grande entreprise d'engrais, qui est devenue la source de son immense fortune. Il sape systématiquement l'État de droit sur tous les marchés où il opère. Il a soudoyé l'ensemble du système judiciaire monégasque pour me faire arrêter illégalement. À moins d'être acculé, il n'est pas dans sa nature de transiger. Comme beaucoup d'autres oligarques, il ne veut pas montrer sa faiblesse. Il ne veut pas abandonner sa position sous la pression. Il ne changera jamais d'avis. Rybolovlev estime qu'il dicte les lois et qu'il fixe également les conditions. Et si, à un moment donné, il conclut une trêve ou un accord de paix, c'est qu'il n'a tout simplement pas le choix. »

Bouvier a demandé 2 milliards d'euros de dommages et intérêts à Rybolovlev, les accusations portées contre ce dernier ayant ruiné la réputation de Bouvier et ses affaires internationales. La question de savoir si Rybolovlev lui a versé une compensation et quel en a été le montant reste un mystère.

Le 30 janvier 2024, Dmitri Rybolovlev a perdu son dernier procès, contre la maison de vente aux enchères Sotheby's à New York, lorsqu'un jury a décidé que Sotheby's n'était pas responsable des pertes subies par Rybolovlev dans le cadre de son achat d'œuvres d'art à Bouvier[4].

Fin 2023, la fortune de Dmitri Rybolovlev était estimée par le magazine *Forbes* à 8,74 milliards de livres. Au cours de l'année civile 2023, malgré la guerre en Ukraine et les sanctions imposées à un certain nombre d'oligarques et d'entreprises russes (auxquelles Rybolovlev, contrairement à Troutnev, n'a pas été soumis), sa fortune a augmenté de 513 millions de livres.

Quant à Donald Trump, ses procès ne cesseront jamais, et il passera des années à nourrir ses avocats, comme l'ont fait Rybolovlev et Bouvier avant lui. Mais il est de retour à la Maison Blanche pour le plus grand bonheur du Kremlin. Ce n'est pas un hasard si l'ancien président russe Dmitri Medvedev a publiquement décrit Trump comme le « colonel Daniil Fedorovich Trump[5] », prêt à abandonner l'Ukraine, l'OTAN et l'Europe à Poutine et à transformer l'Amérique elle-même en une nouvelle île de Chypre.

# Notes et références

## Prologue

1. theguardian.com/artanddesign/2017/dec/07/world-record-da-vinci-painting-to-be-exhibited-at-louvre-abu-dhabi

## 1. L'ascension de l'oligarque Dmitri Rybolovlev

1. Uralkali a été fondée en 1934 par décision du Présidium du Comité de planification de l'État de l'URSS sous le nom de Soyouzkali. En 1964, le groupe Soyouzkali a été rebaptisé Uralkali et est devenu le principal producteur et exportateur russe d'engrais potassiques. Perm possède les plus grandes réserves mondiales de sels de potassium, une matière première importante pour la production d'engrais, les principales mines de potasse étant situées près des villes de Berezniki et Solikamsk dans la région de Perm. Uralkali était considéré comme l'un des plus grands producteurs d'engrais potassiques au monde. En 1992, Uralkali est devenue une société par actions.

2. novayagazeta.ru/articles/2016/10/05/70066-rybolovlev-sbrosivshiy-cheshuyu

3. haqqin.az/news/113183

4. Le nom de Rybolovlev contient, en russe, le terme *ryba* qui signifie « poisson », voire celui de *rybolov* qui signifie « pêcheur » [NdT].

5. publizist.ru/blogs/120626/46332/- ; adpass.ru/vsya-kremlevskaya-rat-v-upravlenii-prezidenta-rf-po-vnutrennej-politike-naznachen-novyj-zamestitel/

6. novayagazeta.ru/articles/2016/10/16/70202-vyshli-dengi-iz-provala

## 3. « Champ de miracles au pays des sots » : L'histoire d'une photographie

1. politico.com/magazine/story/2017/11/19/trump-first-moscow-trip-215842
2. kommersant.ru/doc/901088
3. washingtonpost.com/opinions/trump-loves-vladimir-putin-could-his-tax-returns-explain-why/2016/09/12/fe797fb0-7923-11e6-beac-57a4a412e93a_story.html
4. kommersant.ru/doc/901088
5. La photo représente Millian à gauche. motherjones.com/wp-content/uploads/millian-trump-630.jpg
6. motherjones.com/politics/2017/01/donald-trump-russia-sergei-millian/
7. wsj.com/articles/key-claims-in-trump-dossier-came-from-head-of-russian-american-business-group-source-1485253804
8. kasparov.ru/material.php?id=53F4F6E9891F9
9. rospres.org/specserv/19992/
10. propublica.org/article/the-international-man-of-mystery-linked-to-flynns-lobbying-deal
11. ania.com/2017/05/19/exclusive-female-ex-russian-spy-appointed-trump-organization-launder-money/
12. theguardian.com/business/2017/jan/31/deutsche-bank-fined-630m-over-russia-money-laundering-claims
13. nytimes.com/2017/01/16/us/politics/donald-trump-russia-business.html
14. en.wikipedia.org/wiki/Business_projects_of_Donald_Trump_in_Russia
15. *Kommersant*, 4 juin 2008, n° 95, « Donald Trump vendra son nom ».

## 4. Sauvez Donald Trump !

1. Fiducie est le terme français pour l'anglais *trust*. Il s'agit d'un acte juridique par lequel on confie la propriété de biens, de droits, etc., à un tiers appelé fiduciaire, qui agira au profit d'un ou plusieurs bénéficiaires [NdT].

2. kp.ru/daily/27445.3/4647026/

3. chernovik.net/content/blogs/evgeniy-korotkovskiy/33-neschastya-kaliynogo-korolya-v-borbe-za-tron-kaliynogo-korolya

4. palmbeachdailynews.com/story/news/trump/2018/05/02/trump-s-former-estate-story/9618797007/ ; tampabay.com/news/politics/why-did-russian-oligarch-pay-so-much-for-mansion-owned-by-trump/2316032

5. theguardian.com/world/2008/jul/17/donaldtrump.usa

6. bizjournals.com/southflorida/news/2017/10/06/russian-billionaire-makes-37m-selling-palm-beach.html

7. buzzfeednews.com/article/thomasfrank/secret-money-how-trump-made-millions-selling-condos-to ; businessinsider.com/donald-trump-jr-said-money-pouring-in-from-russia-2018-2

8. msnbc.com/transcripts/transcript-rachel-maddow-show-december-24-2020-n1260862

9. nytimes.com/2017/08/28/us/politics/trump-tower-putin-felix-sater.html

10. washingtonpost.com/blogs/the-fix/post/donald-trump-wont-run-for-president-in-2012/2011/05/16/AF14G14G_blog.html

11. money.cnn.com/2013/01/23/news/companies/trump-new-york-times/index.html ;businessinsider.com/donald-trump-is-trying-to-buy-the-new-york-times-2013-1

12. edition.cnn.com/2017/07/12/politics/video-trump-relationships-russian-associates/index.html

13. x.com/realdonaldtrump/status/347191326112112640

14. motherjones.com/politics/2018/05/new-documents-trump-pushed-hard-for-a-meeting-with-putin-in-2013/

15. chicagotribune.com/news/nationworld/politics/ct-trump-putin-invitiation-miss-universe-20180309-story.html

16. edition.cnn.com/interactive/2017/03/politics/trump-putin-russia-timeline/

17. nbcnews.com/news/us-news/trump-putin-tried-meet-moscow-three-years-ago-source-n619006

18. newsweek.com/heres-all-times-trump-has-praised-putin-708859

19. rew-online.com/2013/11/12/hotel-trio-aims-to-bring-manhattan-to-moscow/

## 5. Yves Bouvier et les ports francs

1. De nombreux autres hommes d'affaires russes étaient clients du cabinet d'avocats de Neocleous. Neocleous et ses enfants étaient depuis longtemps connus comme des personnes spécialisées dans la gestion des activités offshores d'hommes d'affaires russes influents. Neocleous Sr. est arrivé en Russie au début des années 1990 ou même avant et a créé son propre cabinet d'avocats à Moscou. La société familiale Neocleous gère des réseaux de clients offshores. Elle contrôle non seulement des sociétés offshores chypriotes, mais travaille également avec les îles Vierges et les Seychelles. À un moment donné, Andreas Neocleous s'est retiré de la gestion du cabinet, laissant à son fils Elias la responsabilité de l'entreprise. Pour Rybolovlev, Neocleous a créé, entre autres, les fiducies familiales Aries et Virgo, nommées d'après les signes du zodiaque de ses deux filles, et un réseau de sociétés enregistrées dans des paradis fiscaux contrôlés par des fiducies à Chypre, où l'argent de Rybolovlev et de ses partenaires est conservé.

2. Le président chypriote Níkos Anastasiádis et son épouse Andri devaient également arriver dans l'avion de Rybolovlev. Au dernier moment, Níkos Anastasiádis a refusé de se rendre à cette fête somptueuse, cela aurait été mal accueilli par les Chypriotes, dont le pays traversait alors une crise financière. Seul Andri a pris l'avion pour s'y rendre.

3. Sartori est né le 6 février 1981 en Uruguay. En 1993, il s'installe en Suisse. Le 21 octobre 2015, il est devenu l'époux d'Ekaterina Rybolovleva

4. versia.ru/kak-yeks-vladelec-uralkaliya-dmitrij-rybolovlev-ogorchil-princa-monako-i-vnov-zastavil-volnovatsya-vip-vkladchikov-vneshprombanka

5. townandcountrymag.com/society/money-and-power/a4327/billionaire-defrauded-art-world-scheme/

6. En janvier 2013, Vasilyev rejoint Rybolovlev en tant que conseiller présidentiel du club de football AS Monaco. Il est ensuite invité à rejoindre le club de manière permanente et, le 25 mars 2013, il devient directeur sportif, responsable de l'équipe première, du recrutement des joueurs, du scoutisme, de l'entraînement et des services médicaux. En août 2013, il devient vice-président. Après une saison 2018-2019 décevante, Vasilyev est licencié par Rybolovlev en

février 2019 et Rybolovlev lui-même devient vice-président et directeur général de l'AS Monaco.

7. kp.ru/daily/27445.3/4647026/
8. newyorker.com/magazine/2016/02/08/the-bouvier-affair

## 6. Combien coûte l'île de Chypre ?

1. Seuls deux députés ont voté contre l'amendement.
2. Voir Renaud Revel, *Le mystérieux Monsieur Rybolovlev* (2017, édition électronique), chapitre « Le roi de Chypre ».
3. Rybolovlev a été « ami » avec le président chypriote pendant toutes les années de son règne, bien que leurs rencontres aient été le plus souvent secrètes. Ils se retrouvaient devant des hôtels allemands, dans certaines cliniques où ils apparaissaient « par hasard » au même moment, et même à Dublin, le 6 mars 2014, alors que le président chypriote Nikos Anastasiádis assistait au congrès du Parti populaire européen.
4. Le fait que Rybolovlev ait payé l'avion n'a pas été rendu public. Lorsqu'Anastasiádis s'est rendu en Égypte le 8 juin 2014 pour assister à l'investiture du président Abdel Fattah al-Sissi, l'avion a été affrété par une société égyptienne. Le 12 juin, Anastasiádis a organisé un dîner au palais présidentiel pour l'homme d'affaires chypriote Chris Lazari de Londres. Après le repas, Chris Lazari a déclaré qu'il prendrait en charge le « coût de la mise à disposition d'un avion privé à l'usage du président de la République, Nikos Anastasiádis, lorsque les circonstances l'exigeront ». Lazari a précisé qu'il ne faisait pas d'affaires à Chypre et qu'il était uniquement motivé par son amitié de longue date avec le président. Immédiatement après, Anastasiádis a remercié Lazari pour son « geste généreux et pour son soutien désintéressé aux efforts du gouvernement, ainsi que pour ses efforts personnels en faveur du succès de notre pays ». Le 25 juin, Anastasiádis s'est rendu à Bruxelles pour assister à la réunion du Conseil de l'UE. Il a pris le même avion que celui qui l'a emmené en Égypte pour la cérémonie de prestation de serment d'Al-Sissi. L'entourage comprenait le conseiller spécial du président chypriote, Makarios Drousiotis, et le nouveau porte-parole présidentiel, Níkos Christodoulídis. « Dieu bénisse Lazari, nous sommes dans l'avion », a déclaré Drousiotis alors que l'avion décollait. Christodoulídis a éclaté d'un rire sarcastique : « Vous voulez dire Rybolovlev ? » Le cadeau de Lazari était une couverture ; il n'a jamais payé les vols d'Anastasiádis.

5. Avérof Neofýtou s'est fortement opposé au Parlement lors de l'adoption de la « loi Rybolovlev », arguant que les amendements proposés étaient « grossièrement incompatibles » avec les normes de l'UE. « Il est vraiment honteux que Chypre prépare des propositions législatives personnalisées dans l'intérêt d'un seul client peut-être, sans prêter attention aux dommages possibles pour la crédibilité et les intérêts de notre pays », a-t-il déclaré et il a demandé que la « loi Rybolovlev » soit envoyée à l'UE pour voir si elle était compatible avec les normes de l'UE. Rybolovlev a tiré la « conclusion » de ce qui se passait et, après l'adoption de la loi Rybolovlev il l'a engagé comme avocat, s'assurant ainsi de son soutien dans les futures batailles judiciaires.

6. En substance, à en juger par les textes publiés ultérieurement par Bersheda, il était un intermédiaire entre Rybolovlev et les hommes politiques chypriotes, et en particulier entre Rybolovlev et Anastasiádis.

## 7. Achat du Salvator Mundi et rupture avec Bouvier

1. Elena Rybolovleva a tenté à plusieurs reprises de saisir les biens de son mari et chaque fois Rybolovlev a tenté de lever la saisie de ses biens. Le 29 décembre 2008, elle a déposé sa première demande de saisie provisoire des biens de Rybolovlev dans le monde entier, demande qui a été rejetée le 31 août 2009. Le 4 mars 2010, le refus a été annulé par le tribunal et la saisie provisoire a été approuvée. Le 6 avril 2010, Rybolovlev a fait appel, mais l'appel a été rejeté le 27 avril 2010. Le 26 avril 2012, Rybolovlev a de nouveau tenté de faire annuler la décision du tribunal suisse, mais le 22 mai 2012 sa demande a de nouveau été rejetée, bien qu'en pratique, cette décision ne s'applique plus qu'à la Suisse et non à Singapour, à Londres, à Monaco ou à Chypre.

2. bloomberg.com/news/features/2017-02-23/a-100-million-mystery-a-russian-his-art-and-his-big-losses

3. bloomberg.com/news/articles/2017-03-07/russian-billionaire-loses-150-million-on-sale-of-four-artworks

4. artmarketmonitor.com/2017/02/23/in-a-hurry-to-put-his-bad-deals-behind-him-rybolovlev-sells-at-a-loss/

5. Le yacht est comme recouvert d'écailles de poisson, ces mêmes écailles qui ont valu à Rybolovlev le surnom d'« Écaille » au FSB.

## 8. Le port franc de Vladivostok

1. kremlin.ru/events/president/news/47173

2. Alexandre Osipov était alors premier vice-ministre pour le développement de l'Extrême-Orient. Il a commencé sa carrière comme « inspecteur des impôts » en 1991, alors qu'il était encore étudiant. À cette époque, les services fiscaux russes relevaient de la compétence du KGB/FSB. Il est ensuite devenu expert en investissements énergétiques et a été directeur financier de la société énergétique Itera, dont le fondateur, Igor Makarov, a engagé Semion Moguilevitch, un officier des services de sécurité russes et un cerveau criminel connu, en tant que chef de la sécurité. En 2018, Poutine a nommé Osipov gouverneur du territoire transbaïkalien.

3. Alexeï Tchekounkov a été directeur général du Fonds de développement de l'Extrême-Orient, qui fait partie du ministère du Développement de l'Extrême-Orient, et membre du comité de planification stratégique d'Alrosa. Tchekounkov est un diplômé du MGIMO qui entretient des liens étroits avec les Services de sécurité. Il a été le conseiller informel de hauts fonctionnaires du Kremlin sur les questions d'investissement en Russie et à l'étranger.

4. gq.ru/heroes/kak-ustroen-almaznyj-biznes-v-rossii

5. gq.ru/heroes/kak-ustroen-almaznyj-biznes-v-rossii

## 9. La chasse au débiteur Donald Trump

1. huffpost.com/entry/shuttle-election-diplomacy-dmitry-rybolovlevs-plane_b_58a7651ae4b026a89a7a2acb

2. palmerreport.com/opinion/dmitry-rybolovlevs-flight-patterns-suggests-played-role-trump-russia-blackmail-negotiations/1809/

3. theguardian.com/world/2017/oct/19/russian-scrutinised-for-ties-to-trump-investigated-in-monaco

4. huffpost.com/entry/shuttle-election-diplomacy-dmitry-rybolovlevs-plane_b_58a7651ae4b026a89a7a2acb

5. eu.palmbeachpost.com/story/news/nation-world/2017/03/14/yachts-trump-financial-backer-russian/7250394007/

6. En tant que ministre du Commerce, Ross a cédé ses intérêts financiers dans un certain nombre d'organisations, comme il s'était engagé à

le faire en novembre 2017 auprès du Bureau américain d'éthique gouvernementale. Il s'agissait notamment de participations dans la Banque de Chypre et dans Navigator Holding, ainsi que dans des entreprises codétenues par le gouvernement chinois. Ross détenait des participations dans Navigator Holdings par le biais d'une chaîne d'investissements offshores. Navigator était impliqué dans le transport de produits pétrochimiques pour la société russe Sibur, qui avait été sanctionnée aux États-Unis pour ses liens avec les oligarques russes Leonid Mikhelson, Guennadi Timtchenko et Cyrille Chalamov, l'ancien gendre de Poutine.

7. bizjournals.com/charlotte/news/2017/02/28/alevo-gets-incentives-worth-13-2m-to-expand.html

8. mcclatchydc.com/news/nation-world/national/article141308758.html

9. Vladislav Baumgertner, né en 1972, a été directeur commercial d'Uralkali de 2003 à 2005, puis directeur général de la société jusqu'en 2013. En août 2013, après la vente d'Uralkali à Kerimov, Baumgertner a été arrêté en Biélorussie pour abus de pouvoir et pour avoir causé des dommages à la Belarusian Potash Company et à Belaruskali pour un montant total de plus de 100 millions de dollars. En fait, Kerimov, luttant pour augmenter la part de marché de la potasse détenue par Uralkali, a organisé une guerre de dumping des prix, qui a entraîné une chute des prix mondiaux de la potasse et a failli entraîner la faillite de Loukachenko, le partenaire biélorusse de Kerimov. Ce dernier a alors attiré Baumgertner à Minsk sous prétexte de négociations et l'a pris en otage. Baumgertner a été reconnu coupable d'abus de pouvoir par un tribunal de Minsk et condamné à deux mois d'emprisonnement suivis de trois mois de détention à domicile, après quoi il a été extradé vers la Russie et assigné à résidence. Grâce à l'intervention de Rybolovlev il a été libéré sous caution en septembre 2014 et les charges retenues contre lui ont été abandonnées le 23 février 2015. forbes.ru/kompanii/resursy/247712-voennoplennyi-kak-vladislav-baumgertner-stal-zalozhnikom-aleksandra-lukashen

10. Petrov a quitté l'entreprise dès le mois d'août 2017, lorsque celle-ci a déposé son bilan. En octobre, Baumgertner et d'autres employés de Rybolovlev ont quitté Alevo.

11. charlotteobserver.com/news/business/article167970747.html

12. aljazeera.com/news/2017/5/20/trump-arrives-in-saudi-arabia-in-first-foreign-trip

13. whitehouse.gov/briefings-statements/remarks-president-trump-crown-prince-mohammed-bin-salman-kingdom-saudi-arabia-bilateral-meeting/

14. bloomberg.com/news/articles/2017-10-19/russian-owner-of-as-monaco-charged-over-privacy-invasion-claim

## Épilogue

1. monacomatin.mc/amp/justice/lancien-procureur-de-monaco-jean-pierre-dreno-inculpe-237782
2. bloomberg.com/news/articles/2018-05-29/russian-s-da-vinci-windfall-undercut-u-s-probe-of-art-dealer
3. thebell.io/rybolovlev-ne-poboyalsya-sanktsij-milliarder-vlozhil-svyshe-500-mln-v-amerikanskie-startapy
4. itsartlaw.org/2024/02/15/diversity-fraud-accent-delight-v-sothebys/
5. t.me/medvedev_telegram, 18 mars 2023.

# Table des matières

*Personnages principaux* ........ 7

*Prologue* ........ 9

1. L'ascension de l'oligarque Dmitri Rybolovlev ........ 13
2. Donald Trump tenu en laisse par le KGB : L'histoire du général du KGB Oleg Kalougine et un commentaire du lieutenant-colonel du KGB Vladimir Popov ........ 61
3. « Champ de miracles au pays des sots » : L'histoire d'une photographie ........ 85
4. Sauvez Donald Trump ! ........ 109
5. Yves Bouvier et les ports francs ........ 127
6. Combien coûte l'île de Chypre ? ........ 153
7. Achat du Salvator Mundi et rupture avec Bouvier ........ 177
8. Le port franc de Vladivostok ........ 221
9. La chasse au débiteur Donald Trump ........ 235

*Épilogue* ........ 247

*Notes et références* ........ 259

Composition : Nord Compo

Achevé d'imprimer
sur les presses de la Nouvelle Imprimerie Laballery
58500 Clamecy

N° d'impression : 504153
Achevé dimprimer : avril 2025
Dépôt légal : mai 2025

*Imprimé en France*